#BALANCE TON MACHO !

LES OSCARS DE LA MISOGYNIE

De DSK à BAUDELAIRE, de PATRICK SÉBASTIEN à WOODY ALLEN, de ZLATAN IBRAHIMOVIC à JACQUES DUTRONC...

500 PERLES CULTISSIMES

DE 250 PERSONNALITÉS NOMMÉES DANS 22 CATÉGORIES.

TUT-TUT

Un fou rire par jour ?
Inscrivez-vous sur le blog tut-tut :
recevez une histoire drôle par jour,
pour bien commencer la journée !
www.tut-tut.fr
et abonnez-vous à notre page Facebook
www.facebook.com/EditionsTutTut

Maquette : Élisa Beth
Illustrations : fotolia

une marque des éditions Leduc.s
29 boulevard Raspail
75007 Paris
info@tut-tut.fr
ISBN : 978-2-36704-227-5

STÉPHANE GARNIER

#BALANCE TON MACHO

LES OSCARS DE LA MISOGYNIE PRÉSENTENT

250 personnalités pour 500 perles cultissimes !

TUT-TUT

DU MÊME AUTEUR

DÉVELOPPEMENT PERSONNEL

Agir et Penser comme un chat,
éditions de l'Opportun, 2017.
(Ce titre existe aussi en édition limitée.)

HUMOUR

Perles de People, éditions First, 2015.

Perles de Politiques, éditions First, 2015.

La Lutte, c'est classe !, éditions First, 2016.

Comment le petit Mélenchon est devenu le plus grand !, éditions de l'Opportun, 2017.

Légendes à la con, éditions First, 2017.

Super Radin, éditions de l'Opportun, 2017.

Ma vie en mode feignasse,
Fergie & Stéphane Garnier,
éditions de l'Opportun, 2017.

ESSAIS/DOCUMENTS

L'Homme sans contrainte,
éditions Max Milo/Alpharès, 2014.

ROMANS

Il y a l'océan, éditions TdB, 2008.

AUTRE

Le Chat en 500 citations,
éditions de l'Opportun, 2017.

www.stephanegarnier.com

SOMMAIRE

À toutes les femmes
victimes de discrimination,
de misogynie, d'agressions verbales,
d'agressions sexuelles, de violences
conjugales et de sexisme
au quotidien.

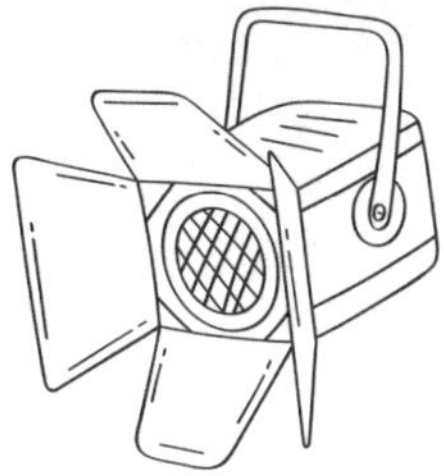

Ouverture de Cérémonie

Mesdames, Messieurs, Bonsoir !

Bienvenue en cette soirée du 8 mars, Journée internationale des femmes, à cette première cérémonie de remise des Oscars de la Misogynie !

Avant de commencer cette soirée exceptionnelle, j'aimerais revenir un instant sur quelques fondamentaux de l'origine de la misogynie, afin d'en embrasser les tenants et aboutissants, d'en comprendre les mécanismes et surtout de pouvoir en dénoncer ce soir les pires dérives !

Le mot misogynie *trouve sa source dans le grec ancien* misosgyné. *Il est constitué de l'assemblage des deux mots grecs anciens* miséô *(« haine ») et de* gyné *(« femme »).*

On trouve deux définitions au mot misogynie dans le Dictionnaire de philosophie *de Christian Godin :*

« Détestation des femmes qui va de l'aversion pour leur corps au mépris pour leur comportement et leur personnalité.

Point de vue de celui qui se refuse à admettre l'égalité entre les hommes et les femmes. »

Du côté religieux, la misogynie s'appuie initialement sur la Genèse, dans laquelle Ève est présentée comme issue de l'une des côtes d'Adam.

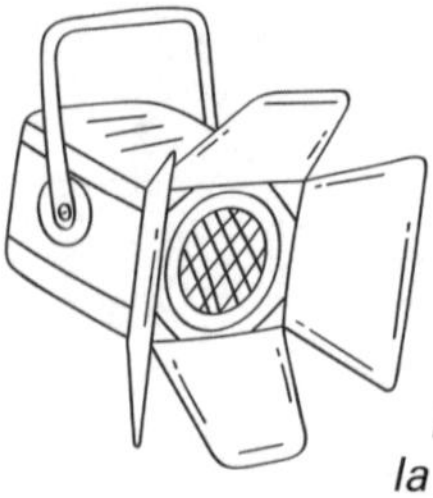

Ève représente également le péché originel, quand, dans le jardin d'Éden, elle a été la première à céder à la tentation en croquant la pomme interdite.

L'addition de ces deux affirmations a permis, d'un point de vue religieux, de justifier la place inférieure de la femme dans la société humaine : elle tenait son origine, sa création en tant qu'être, de l'homme, mais elle était aussi la cause de tout son malheur.

D'un point de vue « scientifique » à présent, il est intéressant de constater que la théorie évolutionniste de Darwin, considérée aujourd'hui comme une « vérité » irréfutable et non opposable, a aussi pour base des considérations comme :

« Les femmes sont moins intelligentes que les hommes, parce qu'elles sont moins évoluées. Il faut laisser que les plus faibles meurent, afin d'améliorer l'espèce. Et interdire aussi le mariage à ceux qui ont des tares héréditaires. » Charles Darwin

Voilà pour quelques considérations qui figent les bases originelles de la misogynie.

Mais ce soir, pour cette première cérémonie des Oscars de la Misogynie, je finirai cette entrée en matière par un sourire, et un clin d'œil cinématographique !

Souvenez-vous de Jacques Brel qui, tenant son rôle dans L'aventure, c'est l'aventure de Claude Lelouch, disait : « Si j'aime les hommes, c'est pas tellement parce que c'est des hommes, mais c'est surtout parce que c'est pas des femmes. »

Et de Jean-Pierre Marielle dans Les Grands Ducs de Serge Frydman qui lançait dans la peau de Georges Cox : « Y'a deux races de femmes : les frappées et les sournoises. »

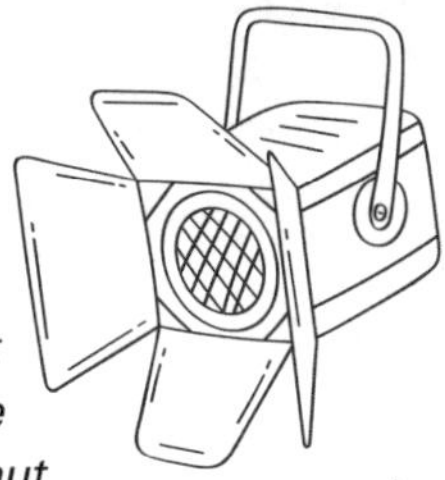

Impossible de reprocher quoi que ce soit à ces deux grands acteurs qui aiment et aimaient tant les femmes. La misogynie peut connaître le pire comme le plus souriant visage ; en cela, il faut bien distinguer la bêtise foudroyante d'une misogynie beauf, même lorsqu'elle emprunte les plus belles lettres de notre chère grammaire, de la misogynie souriante que cultivent encore certains humoristes, auxquels on ne peut reprocher que leur grand amour des femmes.

Comme le disait Léo Campion : « Le misogyne adore les femmes. Comme il les adore, il les pratique. Comme il les pratique, il les connaît. Et c'est parce qu'il les connaît qu'il est misogyne. » Et me revient aussi en mémoire cette phrase d'Olivier Charzat, marketeur, qui disait : « Les femmes devraient toutes avoir fait du marketing, elles sauraient alors que le taux de satisfaction n'a rien à voir avec le taux de fidélité. » Misogyne ou pas misogyne ? C'est ce que nous allons découvrir ce soir !

Bienvenue donc à cette première cérémonie des Oscars de la Misogynie, qui décernera l'Oscar de la Misogynie pour chaque catégorie, suivant vos votes.

Vous pouvez voter dans le public comme depuis chez vous en envoyant le nom de la personne par SMS pour chaque catégorie !

Pour cette première cérémonie des Oscars de la Misogynie, 250 personnalités sont en lice avec près de 500 propos sexistes, orduriers et misogynes, dans les 22 catégories citées en sommaire.

Mesdames et Messieurs,
je déclare ouverte
la première cérémonie mondiale
des Oscars de la Misogynie !

Catégorie

Politique française

La misogynie orchestrée règne de longue date dans le milieu politique. On pourrait s'attendre à mieux de la part d'énarques et autres « sommités intellectuelles » qui font reluire les fauteuils du pouvoir… Ce n'est malheureusement pas toujours le cas ! Obsédés notoires, fétichistes du pied et autres députés libidineux se sont parfois vu rattrapés par la justice pour leurs dérives perverses, mais les mots, eux, d'hier à aujourd'hui, continuent à distiller leur sexisme dans les coursives du pouvoir.

En lice pour cette catégorie, voici les propos de 24 nommés peu glorieux !

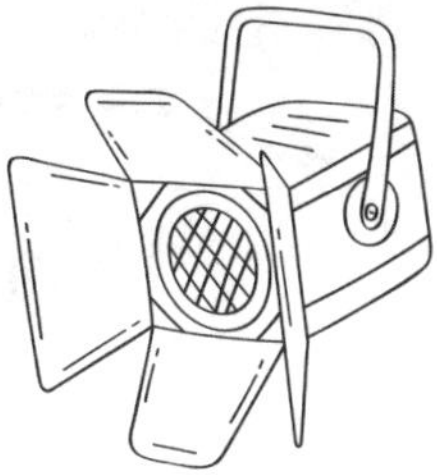

Pour cette première cérémonie
des Oscars de la Misogynie
dans la catégorie

Politique française

les nommés sont...

Lionnel Luca

Pour

Hollande a retrouvé une femme, Valérie Rottweiller. Et c'est pas sympa pour le chien, ça.

Christian Estrosi

Pour

Ségolène Royal a l'humanité d'un bigorneau.

Jean-Christophe Cambadélis

Pour

Si Ségolène Royal s'excuse chaque fois que Sarkozy fait une boulette, elle va passer sa vie à genoux !

PATRICK BALKANY

Pour

D'ailleurs, peut-être avait-elle mis cette robe pour ne pas qu'on écoute ce qu'elle avait à dire.

(Au sujet de la robe portée par Cécile Duflot à l'Assemblée nationale)

XAVIER BRETON

Pour

Réaffirmer le droit à l'avortement comme droit fondamental revient à banaliser l'avortement en le plaçant au même niveau que la contraception.

Roger Karoutchi

Pour

Oui à des gens nouveaux parce que, par définition, sinon ça fait des listes ménopausées.

(À propos des listes aux élections régionales)

Nicolas Sarkozy

Pour

Ne réduisez pas Ségolène Royal à son statut de femme, elle mérite mieux que ça.

Pour

C'est sympathique, il faut le faire, enfin, parfois, il faudrait qu'on se concentre sur l'essentiel. (…) Il y aurait beaucoup à dire parce que ça voudrait dire que les autres, c'est des journées des hommes alors ? Très curieux quand même comme système. Franchement.

(À propos de la Journée de la femme)

et pour

C'est bien la parité en politique, mais c'est bruyant !

(À propos de Valérie Pécresse en train de discuter en réunion)

Pour

Rachida Dati ?
Elle s'occupe plus
de ses robes
que de son ministère.

Arnaud Montebourg

Pour

Les primaires à gauche ne sont pas un concours de vaches limousines.

Pour

Elle est tout le temps comme ça, la petite ?

(En désignant de la tête la jeune femme qui l'interviewait)

et pour

Parfois, on m'appelle le ministre du « dressement reproductif » !

Laurent Fabius

Pour

Mais qui va garder les enfants ?

(Suite à l'annonce de candidature présidentielle de Ségolène Royal)

JEAN-MARIE LE PEN

Pour

Il faut qu'il y ait une autorité, et nous pensons que l'autorité la plus qualifiée dans un ménage est celle de l'homme

Jacques Myard

Pour

Je ne serre pas la main aux connes, ça pourrait les instruire.

François Fillon

Pour

Bien sûr que j'en ai envie. Si vous croyez que je me tape la vie que je mène depuis trois ans, si je n'en avais pas envie… Cependant, ce que je n'aime pas dans cette formulation-là, c'est le sentiment que la France, c'est un pays à prendre, que c'est comme une femme au fond, et faut vraiment en avoir envie, et faut le montrer tous les jours, et faut avoir ce projet-là depuis sa naissance, etc. Je n'aime pas ça parce que je ne trouve pas ça rationnel.

Georges Frêche

Pour

Je devrais me présenter aux élections municipales à Toulouse. Dans cette ville, quand j'étais étudiant, j'ai baisé 40 % des Toulousaines.

STÉPHANE LE FOLL

Pour

J'ai tenté de promouvoir des femmes au maximum, bien que nos dossiers soient très techniques.

DOMINIQUE STRAUSS-KAHN

Pour

Je ne pense pas avoir de problème particulier avec les femmes.

Jean-François Mayet

Pour

75 % des nouveaux diplômés sont des femmes. Or, nonobstant l'égalité, elles sont quand même là pour faire des enfants !

(Au sujet de la féminisation de la profession de médecin et de la désertification médicale)

Hugues Foucault

Pour

NVB suce son stylo très érotiquement !

(NVB : Najat Vallaud-Belkacem,
tweet posté en séance à l'Assemblée nationale)

Jean-Luc Mélenchon

Pour

On lui a accordé un brevet de femme moderne, alors que c'est une réactionnaire confite et une bigote mal éveillée.

(À propos de Marine Le Pen)

et pour

L'élection présidentielle n'est pas un concours de beauté.

(À propos de Ségolène Royal)

EMMANUEL MACRON

Pour

Il y a dans cet abattoir une majorité de femmes, il y en a qui sont, pour beaucoup, illettrées.

Jacques Chirac

Pour

Pour moi, la femme idéale, c'est la femme corrézienne, celle de l'ancien temps, dure à la peine, qui sert les hommes à table, ne s'assied jamais avec eux et ne parle pas.

et pour

Mais qu'est-ce qu'elle veut de plus, cette ménagère ? Mes couilles sur un plateau ?

(À propos de Margaret Thatcher)

Philippe de Villiers

Pour

Par vos interruptions de grossesse, de plaisance ou de complaisance, vous avez assassiné Beethoven, Pasteur ou Charlie Chaplin.

Jean Glavany

Pour

C'est l'adéquation d'un homme pour le poste qui compte et cela ne se mesure pas à la longueur des cheveux ou de la jupe.

(À propos de la candidature d'Élisabeth Guigou au perchoir)

Charles Pasqua

Pour

Toutes les femmes qui veulent avoir l'investiture doivent être baisables.

Cette année,
l'Oscar de la Misogynie
dans la catégorie

Politique française

est décerné à :

....

Pour :

....

....

....

Catégorie

Politique internationale

Passons à l'international maintenant ! On peut dire que les plus grands dirigeants de ce monde ne sont pas en reste dans le domaine de la phallocratie assumée !

Si dans certaines parties du globe, comme l'Asie et l'Afrique, la misogynie n'a pas besoin de mots à tel point les actes sont suffisants pour écraser les femmes, les grandes « démocraties », elles, à travers leurs leaders, n'hésitent jamais à essorer la condition féminine jusqu'à la reléguer au rang de serpillière !

Voici le pire des 8 nommés de cette catégorie !

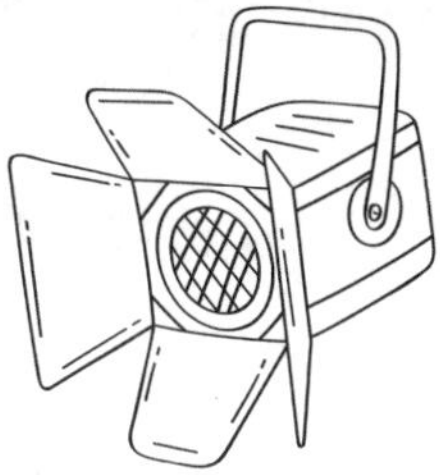

Pour cette première cérémonie
des Oscars de la Misogynie
dans la catégorie

Politique internationale

les nommés sont…

DONALD TRUMP

Pour

Comment peut-elle satisfaire son pays si elle ne satisfait pas son mari ?

(À propos d'Hillary Clinton)

Pour

Si Ivanka n'était pas ma fille, je sortirais probablement avec elle.

Pour

Vous savez, je suis irrésistiblement attiré par les belles femmes. Je commence par les embrasser tout de suite, comme un aimant. Je les embrasse, je n'attends même pas. Quand t'es une star, elles te laissent faire. Tu peux tout faire. Les attraper par la chatte, tout faire.

Pour

C'est dur de prêter attention
à une femme lorsqu'elle a de petits seins.

Pour

**On s'en fout de
ce qu'elles écrivent,
tant qu'elles ont
un joli petit cul.**

et pour

*Les femmes, il faut
les traiter comme
de la merde.*

Vladimir Poutine

Pour

Je ne suis pas une femme, donc je n'ai pas de mauvais jours. Je ne veux insulter personne. C'est juste la nature des choses. Il y a des cycles qui sont naturels.

Pour

Je n'avais pas eu le temps de prendre mon petit-déjeuner. J'aurais préféré qu'elles me montrent du saucisson ou du lard au lieu de leurs attributs. Dieu merci, les homosexuels n'ont pas eu l'idée de faire pareil.

(Sur les Femen qui ont défilé devant lui)

Vladimir Poutine

Pour

Elle n'a jamais été trop subtile dans ses déclarations.

avant de spécifier que

Pour une femme cependant, la faiblesse n'est pas tellement un défaut.

(À propos d'Hillary Clinton)

et pour

Mieux vaut ne pas débattre avec les femmes… Lorsque les gens repoussent trop loin les limites, ce n'est pas parce qu'ils sont forts, c'est justement parce qu'ils sont faibles. Mais peut-être que la faiblesse n'est pas la pire des qualités pour une femme.

(À propos d'Hillary Clinton)

DAVID CAMERON

Pour

Calme-toi chérie et écoute le docteur.

(S'adressant à Angela Eagle au Parlement)

Sylvio Berlusconi

Pour

Moi je collectionne une blague par jour… et une nana tous les jours !

Pour

J'ai trouvé le point G des femmes, c'est la dernière lettre de shopping !

Pour

C'est mieux d'être friand de jolies filles que d'être gay !

Pour

Une autre raison d'investir en Italie est que nous avons de magnifiques secrétaires... des filles superbes !

et pour

La nuit dernière, j'avais une file d'attente devant la porte de ma chambre… Il y en avait onze… Je n'en ai reçu que huit parce que je ne pouvais pas faire plus.

Sebastian Pinera

(Ex-président de la République du Chili)

Pour

Quand une femme du monde dit non, cela veut dire peut-être ; quand elle dit peut-être, cela veut dire oui ; et quand elle dit oui, ce n'est pas une femme du monde.

(Sebastian Pinera citant George Bernard Shaw)

Babulal Gaur

(Député indien)

Pour

Le viol est un crime social qui dépend des hommes et des femmes. Il est parfois légitime, parfois injuste.

Miguel Arias Cañete

(Commissaire européen espagnol)

Pour

Le débat entre un homme et une femme est très compliqué. Si l'on abuse de sa supériorité intellectuelle, on ressemble à un machiste en train de coincer une femme sans défense.

Austin Mitchell (Parlementaire britannique)

Pour

Tais-toi ! Une femme qui se respecte ne contredit jamais son maître en public et une gentille petite fille ne ment jamais au sujet des raisons qui la poussent à quitter la politique.

Cette année,
l'Oscar de la Misogynie
dans la catégorie

Politique internationale

est décerné à :

....

Pour :

....

....

....

Catégorie
Littérature française

Ils ont bercé notre enfance, puis se sont établis comme des piliers de notre culture durant nos études… Et pourtant, rien ne laissait imaginer, pour beaucoup, que leurs pensées n'étaient pas toujours bienveillantes vis-à-vis des femmes.

La sélection fut rude pour cette catégorie « Littérature française », à tel point les meilleurs ouvrages regorgent de citations misogynes explicites.

Pour cette première année, 52 auteurs ont été retenus pour 80 tirades peu valeureuses d'hier et d'aujourd'hui.

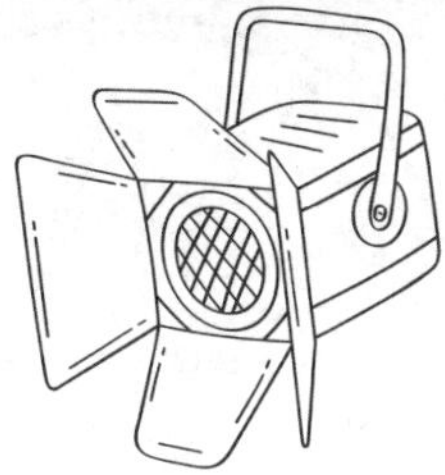

Pour cette première cérémonie
des Oscars de la Misogynie
dans la catégorie

Littérature française

les nommés sont...

Alphonse Karr

Pour

Deux espèces de femmes : les unes veulent avoir de belles robes pour être jolies, les autres veulent être jolies pour avoir de belles robes.

et pour

Il y a deux choses qui tombent dans la vie : les illusions des hommes et les seins des femmes.

Marcel Achard

Pour

Quand on entend ce qu'une jolie femme dit, c'est qu'elle n'est pas vraiment jolie.

Pour

Ce n'est vraiment pas être un gentleman que de frapper une femme en gardant son chapeau sur la tête.

et pour

Certaines femmes font le malheur de dizaines d'hommes. D'autres s'acharnent sur un seul : ce sont les femmes fidèles.

CHARLES BAUDELAIRE

Pour

La femme est naturelle, c'est-à-dire abominable.

Pour

La jeune fille, ce qu'elle est en réalité. Une petite sotte et une petite salope ; la plus grande imbécillité unie à la plus grande dépravation.

et pour

J'ai toujours été étonné qu'on laissât les femmes entrer dans les églises. Quelle conversation peuvent-elles tenir avec Dieu ?

Paul Léautaud

Pour

Quand on a de l'argent, il faut se garder de le dire à sa maîtresse : elle se mettrait à vous adorer.

et pour

Je n'ai jamais eu de chance avec les femmes. Il est toujours arrivé un moment où leur bêtise a dépassé mon amour.

Alexandre Dumas fils

Pour

C'est souvent la femme qui nous inspire les grandes choses qu'elle nous empêche d'accomplir.

Pour

Les chaînes du mariage sont si lourdes, qu'il faut être deux pour les porter. Quelquefois trois !

Pour

Un gentilhomme est le mari qui tient la porte ouverte pour que sa femme sorte les poubelles.

et pour

La femme est, selon la Bible, la dernière chose que Dieu a faite. Il a dû le faire le samedi soir. On sent la fatigue.

BOUGINGAULT

Pour

Si seulement Adam
avait pu mourir avec toutes ses côtes
dans le corps.

JULES RENARD

Pour

Elle croit que l'âge,
c'est de l'argent,
et elle économise
sur son âge.

et pour

Dès qu'on dit
à la femme qu'elle est jolie,
elle se croit de l'esprit.

Alexandre Vialatte

Pour

*La Bible assure que lorsque Dieu
eut fabriqué l'homme et la femme, il en pleura.
Comme on le comprend !*

ANATOLE FRANCE

Pour

Les femmes inspirent l'amour, bien qu'il soit déraisonnable de les aimer.

et pour

La tête, chez les femmes, n'est pas un organe essentiel.

PAUL CLAUDEL

Pour

Quand on a connu beaucoup d'Allemandes, qu'une vraie vache fait plaisir !

et pour

La femme sera toujours le danger de tous les paradis.

GEORGES COURTELINE

Pour

La quantité de bêtises qu'une femme pas bête peut accumuler en peu de temps est une chose déconcertante.

et pour

L'homme est le seul mâle qui batte sa femelle. On doit donc en déduire que l'homme est le plus brutal des mâles… À moins que la femme ne soit, de toutes les femelles, la plus insupportable.

Georges Feydeau

Pour

Elle respire la vertu, mais elle est vite essoufflée.

PAUL MORAND

Pour

Aucune femme ne vaut qu'on l'attende.

Yvan Audouard

Pour

On ose me demander à moi qui ai un chien, un chat, une tortue, deux enfants, une femme et plusieurs belles-mères si j'aime les animaux !

et pour

Il convient de remarquer que si la chamelle est la femelle du chameau, la conne n'est pas forcément la femme du con.

JOSEPH JOUBERT

Pour

Le pouvoir est une beauté ; il fait aimer aux femmes la vieillesse même.

MARCEL PROUST

Pour

Les femmes sont les instruments interchangeables d'un plaisir toujours identique.

Pierre-Augustin Caron de Beaumarchais

Pour

Ô ces femmes ! Voulez-vous donner de l'adresse à la plus ingénue ? Enfermez-la !

Étienne Rey

Pour

Les hommes sont les roturiers du mensonge, les femmes en sont l'aristocratie.

ALEXANDRE DUMAS PÈRE

Pour

Dieu, dans sa divine prévoyance, n'a pas donné de barbe aux femmes parce qu'elles n'auraient pu se taire pendant qu'on les eut rasées.

Gustave Flaubert

Pour

Pauvre petite femme !
Ça bâille après l'amour,
comme une carpe après l'eau
sur une table de cuisine.

Pour

La femme est un produit de l'homme. Dieu a créé la femelle, et l'homme a fait la femme ; elle est le résultat de la civilisation, une œuvre factice.

et pour

Elles prennent leur cul pour leur cœur.

Denis Diderot

Pour

Un grand philosophe plaçait l'âme,
la nôtre s'entend, dans la glande pinéale.
Si j'en accordais une aux femmes,
je sais bien, moi, où je la placerais.

Edmond et Jules de Goncourt

Pour

C'est étonnant comme on ne juge jamais les femmes aussi bêtes qu'elles sont ! Les hommes, on les juge à la première visite ; les plus bêtes des femmes, il en faut au moins deux !

Pour

La passion des choses ne vient pas de la bonté ou de la beauté pure de ces choses, elle vient surtout de leur corruption. On aimera follement une femme, pour sa putinerie, pour la méchanceté de son esprit, pour la voyoucratie de sa tête, de son cœur, de ses sens ; on aura le goût déréglé d'une mangeaille pour son odeur avancée et qui pue. Au fond, ce qui fait l'appassionnement : c'est le faisandage des êtres et des choses.

Pour

On parle à une femme, on lui dit des phrases, en sachant bien qu'elle ne comprend pas, comme on parle à un chien ou à un chat.

Edmond et Jules de Goncourt

Pour

*Une femme, qu'est-ce que vous voulez ?
C'est un oiseau. C'est impénétrable,
non pas parce que c'est profond,
mais parce que c'est creux.*

et pour

Les croyants sont très reconnaissants à Dieu d'avoir donné aux organes génitaux de la femme vivante l'odeur qu'il ne donne à la crevette que huit jours après sa mort.

Arthur Rimbaud

Pour

La femme
ne sait plus même
être courtisane !

Paul-Jean Toulet

Pour

Il y a des femmes qui plus elles vieillissent et plus elles deviennent tendres. Il y a aussi les faisans.

Marcel Pagnol

Pour

Tu as vu des femmes qui aiment les pauvres ?

HENRY DE MONTHERLANT

Pour

Une des horreurs de la guerre sur laquelle on n'attire pas l'attention c'est que les femmes y soient épargnées.

JACQUES STERNBERG

Pour

Si on te pelote le sein droit, tends le gauche.

Honoré de Balzac

Pour

Toute femme a sa fortune entre ses jambes ? Je réponds : Les hommes utilisent leurs jambes pour marcher, les femmes pour faire leur chemin.

et pour

Aucun homme ne devrait se marier avant d'avoir étudié l'anatomie et disséqué au moins une femme.

JULIEN TORMA

Pour

On appelle charme féminin le cache-sexe de la connerie.

Roland Dorgelès

Pour

La femme rend lâche. C'est elle qui conseille au gréviste de rentrer à l'usine, à l'artiste de faire du commerce, au soldat de courber l'échine. Parce qu'elle ne pense qu'à la pâtée, qu'elle a un pot-au-feu dans le cœur.

FRÉDÉRIC DARD

Pour

Il existe trois catégories de femmes : les putes, les salopes et les emmerdeuses. Les putes couchent avec tout le monde, les salopes couchent avec tout le monde sauf avec toi, les emmerdeuses ne couchent qu'avec toi.

Pour

Comme Dieu est bon d'avoir créé la femme salope ! Sinon elle ne serait que chiante.

et pour

Chez les femmes, c'est comme les artichauts : le cœur est sous les poils.

Théophile Gautier

Pour

La prostitution est l'état ordinaire de la femme.

Boris Vian

Pour

La femme est ce que l'on a trouvé de mieux pour remplacer l'homme quand on a la déveine de ne pas être pédéraste.

et pour

Du temps que les femmes ne votaient pas, on faisait la guerre pour elles. Maintenant qu'elles votent, on la fait pour le pétrole. Est-ce un progrès ?

STENDHAL

Pour

Une femme de 30 ans, en France, n'a pas les connaissances acquises d'un petit garçon de 15 ans ; une femme de 50 ans, la raison d'un homme de 25.

Régis Hauser

Pour

Pour créer la femme, Dieu s'est inspiré de la contrebasse : une petite tête sur un long cou, un encombrement maximal, elle ne vibre que lorsque vous lui frottez le ventre, et émet un son qui couvre tout.

Louis Auguste Commerson

Pour

Épouser une maîtresse, c'est mettre en hachis les restes d'un vieux gigot.

Voltaire

Pour

La femme coquette est l'agrément des autres et le mal de qui la possède.

et pour

Les femmes ressemblent aux girouettes, elles se fixent quand elles se rouillent.

Émile Zola

Pour

Émanciper la femme, c'est excellent ; mais il faudrait avant tout lui enseigner l'usage de la liberté.

AURÉLIEN SCHOLL

Pour

Pendant le Siège de Paris, les femmes les plus distinguées ont mangé du chien. On espérait que cela leur inculquerait des principes de fidélité. Pas du tout ! Elles ont toutes exigé des colliers !

et pour

Ne frappez jamais une femme, elle en prendrait vite l'habitude et ça deviendrait fatigant.

MOLIÈRE

Pour

Ô la grande fatigue que d'avoir une femme ! Et qu'Aristote a bien raison, quand il dit qu'une femme est pire qu'un démon !

Jean Anouilh

Pour

Pourquoi contredire une femme ? Il est tellement plus simple d'attendre qu'elle change d'avis !

Paul Valéry

Pour

Il y a trois sortes de femmes : les emmerdantes, les emmerdeuses et les emmerderesses.

Henri Jeanson

Pour

À partir du jour où Dieu a mis l'homme en présence de la femme, le paradis est devenu un enfer.

Jean Cocteau

Pour

Qu'y a-t-il de pire qu'une femme ? Deux femmes.

Michel Eyquem de Montaigne

Pour

La plus utile et honorable science et occupation à une femme, c'est la science du ménage.

Jean Prasteau

Pour

Partout où il y a esclavage, il ne peut y avoir éducation ; dans toute société les femmes sont esclaves ; donc, la femme sociale n'est pas susceptible d'éducation.

Maurice Donnay

Pour

En amour, il n'y a que la conquête et la rupture qui soient intéressantes, le reste n'est que du remplissage.

Georges Perros

Pour

Ainsi pour faire l'amour. Il y faut une femme. Mais c'est trop, ou trop peu. Un sexe devrait suffire. Deux seins, des lèvres, une chevelure. Un certain mouvement qui animerait toutes ces merveilles. D'où une femme, quand même. Mais à faire, non taite.

Michel Tournier

Pour

Les femmes notamment existent si peu pour moi que je parviens difficilement à les distinguer les unes des autres, comme les nègres, comme les moutons d'un troupeau.

Victor Hugo

Pour

Quand une femme règne, le caprice règne. Alors la politique n'est plus chose de calcul, mais de hasard. On ne peut plus compter sur rien. Aujourd'hui n'amène plus logiquement demain. Les affaires ne se jouent plus aux échecs, mais aux cartes.

et pour

L'homme a reçu de la nature une clef avec laquelle il remonte la femme toutes les vingt-quatre heures.

Christian Oster

Pour

C'est une bonne chose que les femmes mangent, elles aussi, il n'y a pas de raison, elles sont comme nous, finalement, en tout cas manger les rapproche de nous, ça les rend plus humaines.

LOUIS-FERDINAND CÉLINE

Pour

Elle, si délicate, se croit tenue de me poser des questions balourdes, imbéciles, comme en poserait une bonne, prise en faute. Les femmes ont des natures de domestiques.

Cette année,
l'Oscar de la Misogynie
dans la catégorie

Littérature française

est décerné à :

....

Pour :

....

....

....

Catégorie
Littérature étrangère

Le maniement du verbe sexiste n'est pas l'apanage des auteurs français. Et, comme nous allons le découvrir dans cette catégorie, les plus fins écrivains du monde se sont penchés avec beaucoup de plaisir sur la manière de traiter avec le plus grand dédain la femme et la condition féminine. La beauté du langage ne retrace pas toujours la pensée du sage.

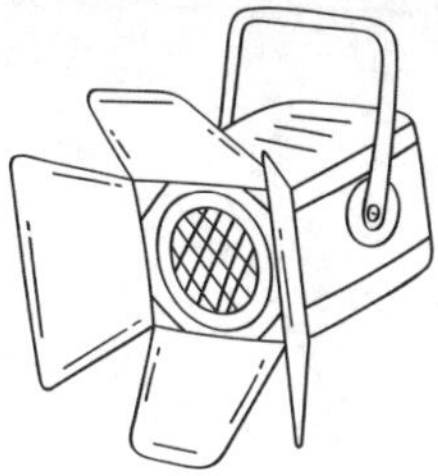

Pour cette première cérémonie
des Oscars de la Misogynie
dans la catégorie

Littérature étrangère

les nommés sont…

AUGUST STRINDBERG

Pour

Des anthropologues ont trouvé – ce qui a été confirmé par des explorateurs africains – que le crâne de la femme blanche se rapproche de celui du nègre et que le crâne d'une négresse est inférieur à celui d'un Noir ; la conclusion serait donc que le crâne de la femme blanche se rapproche d'un type de crâne qui rappelle une race inférieure.

William Shakespeare

Pour

La laideur est moins horrible chez un démon que chez une femme.

MARK TWAIN

Pour

Dieu créa l'homme, puis il eut peur qu'il ne s'ennuyât et lui donna la femme. Peu après, pris de remords, Dieu eut peur qu'elle ne l'ennuyât et lui envoya le tabac.

Miguel de Cervantes

Pour

Dieu créa l'homme d'abord et la femme ensuite. On fait d'abord les tours, puis les girouettes.

WILLIAM FAULKNER

Pour

Les femmes ne sont que des organes génitaux articulés et doués de la faculté de dépenser tout l'argent qu'on possède.

Giacomo Giovanni Girolamo Casanova

Pour

Dans l'examen de la beauté d'une femme, la première chose que j'écarte sont les jambes.

Rudyard Kipling

Pour

Une femme est seulement une femme, mais un bon cigare, c'est tout un arôme.

LÉON TOLSTOÏ

Pour

La laideur et l'insanité de notre vie viennent du pouvoir qu'ont les femmes : ce n'est pas à la femme d'élever des revendications contre l'homme, mais à l'homme de s'émanciper de la femme.

OSCAR WILDE

Pour

Yvette Guilbert lui dit :
N'est-ce pas, Monsieur Wilde,
que je suis la femme la plus laide de France ?
Il s'incline et répond avec grâce :
Du monde, Madame, du monde !

et pour

Les femmes forment un sexe purement décoratif. Elles n'ont jamais rien à dire, mais elles le disent d'une façon charmante.

Cette année,
l'Oscar de la Misogynie
dans la catégorie

Littérature étrangère

est décerné à :

....

Pour :

....

....

....

Catégorie

People & Média

People, chroniqueurs et autres trublions de la parole médiatique, ne sont pas toujours d'une très grande finesse ! Ce n'est pas un secret ! Il y a les rigolards, c'est vrai, mais il leur arrive parfois, à les écouter tirer à boulet rouge sur les femmes jusqu'à l'insulte publique, comme nous le verrons, qu'on finisse par se demander si le sexisme le plus graveleux ne devient pas pour certains un véritable fonds de commerce !

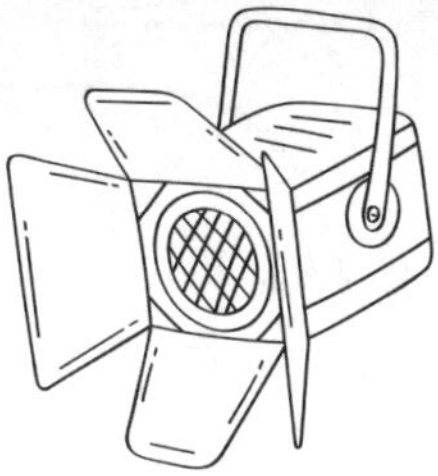

Pour cette première cérémonie
des Oscars de la Misogynie
dans la catégorie

People & Média

les nommés sont...

PHILIPPE VAL

Pour

L'Anglaise n'a pas de poitrine. Et malgré tout le pudding qu'elle s'enfourne quotidiennement dans le cornet, ce n'est jamais en haut qu'elle prend les kilos. Car le pudding, c'est deux secondes dans la bouche, vingt ans sur les hanches. Autour de trente ans, les deux ridicules poupounes de l'Anglaise se transforment en gants de toilette pour nain, avec à peine un petit morceau de savonnette d'hôtel à l'intérieur. Voilà la raison culturelle profonde qui explique pourquoi l'Anglais est aigri et surtout, comme l'a encore une fois soulignée madame Cresson, homosexuel à fond les manettes.

Laurent Ruquier

Pour

Hier, c'était la Journée internationale de la femme ; aujourd'hui, vos gueules !

Pour

La Journée de la femme, le 8 mars, ça arrive trop tard dans l'année ; moi, je trouve que ça devrait être tous les 29 février.

et pour

En politique, les femmes sont plus honnêtes, plus droites, plus intègres… Faut dire que ce serait con de leur enlever les casseroles de la main pour leur coller au cul !

André Manoukian **Pour**

J'adore quand les chanteuses chantent dans le micro !

Patrick Sébastien

Pour

La différence entre les femmes et les coïncidences, c'est qu'il y a des coïncidences qui ne trompent pas.

Pour

L'arthrose est la maladie sexuellement la plus frustrante pour l'homme. Ce n'est que lorsqu'elles sont très vieilles que les femmes sont assises avec les jambes entrouvertes en permanence.

Pour

On parle toujours dans les yeux aux femmes qui n'ont pas de poitrine.

Pour

Il en a marre de vivre dans le luxe en égoïste. Il est temps qu'il achète une femme à sa voiture.

Pour

Une petite fille devient une femme quand elle commence à dire du mal de ses poupées.

et pour

Les femmes ont deux paires de lèvres : les unes pour dire des conneries, les autres pour se les faire pardonner.

Olivier de Kersauson

Pour

Le baisemain c'est un bon début. Ça permet de renifler la qualité de la viande !

et pour

Une femme dans la vie d'un homme, c'est comme des fleurs dans une maison, c'est agréable, mais ça fane.

Éric Zemmour

Pour

Si l'avortement n'était pas pratiqué, la population française serait passée de 65 à 72 millions d'habitants (...) Je voudrais vous faire réfléchir sur l'influence de ce mini baby-boom sur la croissance économique et le poids politique de la France » (…) « 72% des femmes qui ont recours à l'IVG étaient sous pilule. » (…) « Ces femmes veulent un enfant sans le vouloir tout en le voulant ».

Philippe Lelièvre

Pour

Beaucoup de présence mais… dommage d'être aussi moche.

NICOLAS BEDOS

Pour

Qu'est-ce que tu veux que je te dise ma grande ? T'as une belle gueule mais tu es une connasse. Tu ne vas pas me faire chier avec tes questions de merde. Tu fous le camp (...) Tu as envie de faire de la télé comme toutes les putes !

Cette année,
l'Oscar de la Misogynie
dans la catégorie

People & Média

est décerné à :

....

Pour :

....

....

....

Catégorie

Cinéma

S'il est bien un milieu qui évite de se montrer ouvertement misogyne dans ses propos, c'est bien le cinéma ! Pourtant, que ce soit du point de vue des collaborateurs techniques ou du côté des actrices, la preuve n'est plus à faire – surtout ces derniers mois avec les scandales de harcèlement – sur la violence sexiste de ce milieu. Nous avons tout de même relevé pour vous quelques dérives, parfois souriantes, parfois purement gratuites dans les propos de certaines personnalités du monde du septième art.

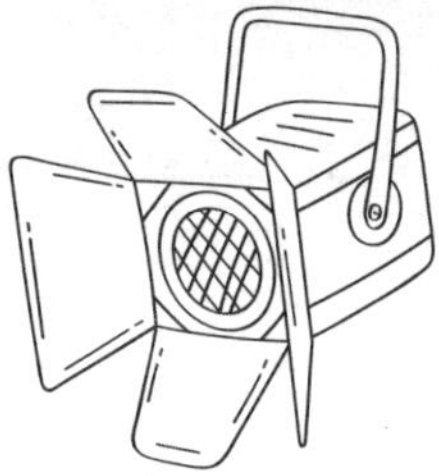

Pour cette première cérémonie
des Oscars de la Misogynie
dans la catégorie

Cinéma

les nommés sont…

François Ozon

Pour

Se prostituer est un fantasme pour beaucoup de femmes. (…) C'est la réalité. Parlez avec des femmes, parlez avec des psys. Tout le monde sait ça. Enfin, peut-être pas les Américains !

Fred Allen

Pour

Chaque femme devrait savoir qu'elle s'assied sur une fortune.

Claude Lelouch

Pour

Ça ennuie les femmes de parler de choses techniques.

JEAN RIGAUX

Pour

Les femmes : j'en mettrais une à la Défense nationale, et l'autre aux Affaires étrangères. Les femmes ont toujours été étrangères aux affaires.

PIERRE DORIS

Pour

- Ah ! Ma femme, si vous saviez, c'est un ange !
- Félicitations ! La mienne est encore en vie.

et pour

Ma femme est sans défense : heureusement pour elle, on la confondrait avec un éléphant.

Woody Allen

Pour

Je préfère l'incinération à l'enterrement et les deux à un week-end avec ma femme.

Pour

Une auto-stoppeuse est une jeune femme généralement jolie et court vêtue qui se trouve sur votre route quand vous êtes avec votre femme.

Pour

La célébrité m'a apporté un gros avantage : les femmes qui me disent non sont plus belles qu'autrefois.

et pour

La première fois que j'ai vu une femme nue, j'ai cru que c'était une erreur.

BEN STILLER

Pour

Les filles,
c'est comme les
planètes : il ne faut pas
rester en orbite mais
foncer planter
son drapeau !

Pierre-Jean Vaillard

Pour

Il ne faut
jamais battre
une femme.
Même avec
une fleur. Prenez
carrément
un vase.

Michel Audiard

Pour

La pire maladie des hommes, c'est de donner tout son amour à une seule bonne femme.

Pour

S'il fallait que les femmes s'occupent d'où vient l'argent qu'elles dépensent, les bijoutiers pourraient plier boutique.

Pour

Une fille qui fait 95 de tour de poitrine et 32 de tour de tête ne peut pas vraiment être mauvaise. Elle peut seulement être légèrement sotte.

et pour

La fréquentation des salons m'a appris une chose : à ne plus chercher à acheter au coin des rues ce que l'on trouve gratuitement auprès des femmes du monde.

GROUCHO MARX

Pour

Personnellement, je ne comprends pas pourquoi un homme n'aurait pas le droit d'avoir à la fois un chien et une femme. Mais si vous n'avez pas les moyens de vous offrir les deux, alors achetez plutôt un chien.

et pour

Tout homme qui se remarie ne mérite pas la chance qu'il a eu de perdre sa première femme.

JEAN-CLAUDE BRIALY

Pour

L'idéal eût été que les femmes aient les seins dans le dos : pour danser, c'est quand même plus pratique !

JOHNNY DEPP

Pour

Eh bien c'est un peu comme se faire violer en quelque sorte.

(À propos des séances photo…)

Orson Welles

Pour

Trois choses insupportables : le café brûlant, le champagne tiède, et les femmes froides.

Fernandel

Pour

Le pastis, c'est comme les seins.
Un, c'est pas assez et trois,
c'est trop.

Arnold Schwarzenegger

Pour

J'ai vu une femme portant un sweat avec marqué « Guess » dessus. Je lui ai dit : Problème de la thyroïde ?

Cette année,
l'Oscar de la Misogynie
dans la catégorie

Cinéma

est décerné à :

....

Pour :

....

....

....

Catégorie Sport

Le sport a connu depuis toujours ses heures de gloire en matière de sexisme, et comme le disait Pierre de Coubertin, le père des jeux Olympiques modernes, à leur propos : « Ils sont l'exaltation solennelle et périodique de l'athlétisme mâle avec l'applaudissement féminin pour récompense. »

S'il est un domaine auquel le hashtag : #balancetonporc colle à la perfection, c'est bien le sport ! À tel point pour certains, que l'augmentation du volume musculaire engendre la réduction du volume cérébral !

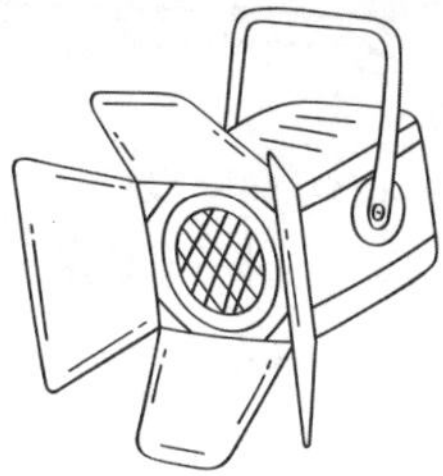

Pour cette première cérémonie
des Oscars de la Misogynie
dans la catégorie

Sport

les nommés sont...

Zlatan Ibrahimovic

Pour

Que lui offrir
pour son anniversaire ?
Rien, elle a déjà Zlatan.

(À propos de sa femme)

Pour

Quand je suis à l'étranger, on me compare à Messi et Ronaldo. Quand je rentre à la maison, on me compare avec des footballeuses. L'été dernier, on m'a demandé : «Qui est le meilleur : Lotta Schelin (l'attaquante suédoise de Lyon) ou vous ?» Non mais c'était une plaisanterie ou quoi ? Avec tout le respect dû aux femmes, vous ne pouvez pas comparer le football masculin avec le football féminin.

et pour

Elle n'a rien à voir avec mon football.
C'est ma femme, et elle reste à la maison pour s'occuper de mes enfants. C'est la seule chose dont j'ai besoin.

(À propos de sa femme)

Bernard Laporte

Pour

Quand tu baises une laide et qu'un jour tu baises une belle, tu penses que tu ne vas baiser que des belles... eh non... malheureusement... ça a dû t'arriver, ça m'est arrivé, et tôt ou tard tu repasses au ragoût, tu vois ce que je veux dire... Parce que de temps en temps, tu peux faire un exploit, on a tous connu ça, c'est pareil...

David Douillet

Pour

On dit que je suis misogyne, mais tous les hommes le sont. Sauf les tapettes.

et pour

Pour moi, une femme qui se bat au judo ou dans une autre discipline, ce n'est pas quelque chose de naturel, de valorisant.

GENNARO GATTUSO

Pour

Les femmes n'ont pas de place dans le football. (...) Je n'aime pas dire ça, mais c'est ainsi.

Louis Nicollin

Pour

Mes joueurs, je les paie plus cher que mes maîtresses. Et mes maîtresses au moins, elles me régalent la chique.

Christophe Soumillon

Pour

C'est vrai, je n'aurais jamais imaginé être avec Sophie (Thalmann)… Mais c'est comme en équitation. Quand je vois un animal magnifique passer devant moi, je vais tout faire pour le monter un jour.

et pour

Si on se marie, c'est pour avoir des enfants, c'est pour assurer une famille. Il ne faut pas que ce soit une connasse. Les connasses, on les tire avant et l'on s'amuse avec. Comme il y a plus de connasses que d'intelligentes, il faut faire un choix…

Philippe Candeloro

Pour

Je connais plus d'un anaconda qui aimerait venir l'embêter un petit peu cette jeune Cléopâtre canadienne.

Pour

Ah, elle a beaucoup de charme Valentina, un petit peu comme Monica Bellucci. Peut-être un peu moins de poitrine, mais bon.

Pour

Je pense qu'elle aura mérité un bon bol de riz ce soir !

(À propos d'une patineuse japonaise)

Pour

Christelle, vous pouvez lui dire que c'est pas la seule à être excitée, elle a un joli sourire cette patineuse !

et pour

De toute façon, il y a trop de femmes sur terre, et j'aurai pas assez de temps pour toutes me les faire.

JO-WILFRIED TSONGA

Pour

Vous savez, les filles sont plus instables émotionnellement que nous, je suis sûr que tout le monde dira que c'est vrai, même les filles (...) Il s'agit simplement d'hormones et tout ce genre de choses (...) Nous n'avons pas toutes ces choses mauvaises, donc nous sommes toujours physiquement en forme contrairement à vous. C'est ainsi.

VINCENT MOSACTO

Pour

La vie de groupe, c'est d'aller sortir le chichi à la femme de ménage. On est trois, on rigole.

Laurent Blanc

Pour

Une femme qui parle de tactique, c'est beau. Je trouve ça fantastique. Vous savez ce que c'est en plus, le 4-3-3 ?

(Se moquant d'une journaliste suédoise)

Bobby Riggs

Pour

Aucune joueuse en activité ne pourrait jamais venir à bout d'un retraité.

(Ex-champion de tennis américain, mars 1973)

Bernard Lacombe

Pour

Je ne discute pas avec les femmes de football. Je le dis parce que c'est mon caractère. C'est comme ça. Qu'elles s'occupent de leurs casseroles et puis ça ira beaucoup mieux.

Richard Krajicek

(Joueur de tennis hollandais)

Pour

80 des 100 meilleures joueuses du monde sont des truies. Elles ne devraient pas avoir accès au court central.

Après de lourdes critiques, il ajoute quelques jours plus tard :

Je retire tout ce que j'ai dit. Seulement 75 % des joueuses sont des truies.

John Inverdale

(Commentateur BBC)

Pour

Pensez-vous que le père de Bartoli lui a dit quand elle était petite « Tu ne seras jamais un canon, tu ne seras jamais une Sharapova, donc tu dois t'accrocher et te battre » ?

(À propos de Marion Bartoli)

Gilles Simon

Pour

Ce n'est pas que je suis contre les tournois mixtes, mais je pense qu'aujourd'hui le tennis masculin est vraiment en avance par rapport au tennis féminin. (…) On est le seul sport aujourd'hui où il y a la parité, alors que le tennis masculin reste plus attrayant que le tennis féminin à l'heure actuelle.

PIERRE MÉNÈS

Pour

T'avais des grosses dondons qui étaient certainement trop moches pour aller en boîte le samedi soir. Aujourd'hui, elles ont progressé (...) mais par rapport à une équipe masculine, ça vaut que dalle !

Cette année,
l'Oscar de la Misogynie
dans la catégorie

Sport

est décerné à :

....

Pour :

....

....

....

Catégorie

Chanson française

Dans cette catégorie, nous allons traverser la misogynie en diagonale dans les paroles de tous ces artistes français, pour aller de la misogynie ironique, légère et souriante des chanteurs d'hier, jusqu'à ce qu'on ne peut même plus qualifier de misogynie, tant les mots de ces rappeurs d'aujourd'hui relèvent plus de l'appel au viol !

Véritablement à vomir ! Je vous laisse juge… Votez !

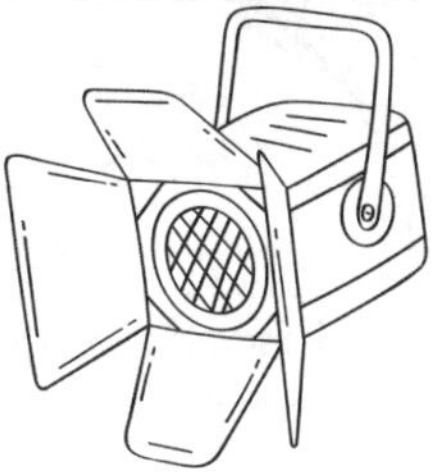

Pour cette première cérémonie
des Oscars de la Misogynie
dans la catégorie

Chanson française

les nommés sont…

Serge Gainsbourg

Pour

Disons que pour la femme, je suis un mâle nécessaire et pour moi, elle est un bien inutile.

Pour

Il faut prendre les femmes pour ce qu'elles ne sont pas et les laisser pour ce qu'elles sont.

et pour

Si j'avais à choisir entre une dernière femme et une dernière cigarette, je choisirais la cigarette : on la jette plus facilement !

PIERRE PERRET

Pour

Une femme économe a très vite compris que c'est dans la position horizontale qu'elle use le moins ses souliers.

Georges Brassens

Pour

Le comble enfin, misérable salope
Comme il n'restait plus rien dans le garde-manger
T'as couru sans vergogne, et pour une escalope
Te jeter dans le lit du boucher !

(Extrait de *Putain de toi*)

Michel Delpech

Pour

Après une longue
route
Sous la pluie que l'on
redoute
Quand les filles nous
écoutent
C'est bon, que c'est bon
De choisir une minette.
Dans ces filles à vedette
Qui ne sont venues
que pour ça.
C'est bon de serrer
dans ses bras
Une groupie, une groupie.
On les emmène
en voyage
Quand on est que
de passage
Madelon dans ses
bagages.
C'est bon, que c'est bon
C'est un joli parasite
Qui s'accroche et que
l'on quitte
Quand on en connaît
un meilleur
Ça ne reste pas dans
le cœur
Une groupie, une groupie.

(Extrait de *Les groupies*)

DIDIER SUPER

Pour

Un artiste, c'est une meuf qu'on laisse chanter à la télé parce qu'elle est bonne.

Jacques Dutronc

Pour

Avec Françoise (Hardy), nous nous partageons les tâches à la maison. J'apporte la poussière, elle nettoie !

Léo Ferré

Pour

La misogynie, c'est intéressant vous savez. Il faut être misogyne. (...) Il faut savoir mettre les femmes à leur place. Et quand on a fini de les adorer, il faut qu'elles nous foutent la paix.

Booba

Pour

Non mais sérieux, les meufs dans le rap français ne sont pas moyennes, elles sont juste archi-nulles. Ça pourrait être bof mais c'est ignoble.

Pour

En effet je suis un thug,
un drôle d'animal
J'ai de quoi te siliconer si jamais
tu vieillis mal
Gangster et gentleman, c'est dans
le mille que je tire
Je fais mal mais je fais jouir
si tu vois ce que j'veux dire.

(Extrait de *Pourvu qu'elles m'aiment*)

et pour

Si y a des biatch partout, c'est que j'suis dans la boîte
Si ça fait mal, que tu cries, tu jouis, c'est que j'suis dans ta chatte.

(Extrait de *Jour de Paye*)

Doc Gynéco

Pour

Le programme de Ségolène Royal, c'est un programme de machine à laver.

Florent Pagny

Pour

Mais la fin d'une relation, ce n'est jamais une partie de plaisir. Ça a été dur. Et surtout pour Vanessa [Paradis]. Ce qu'elle a pu prendre dans la figure, la pauvre !

Busta Flex

Pour

Ça commence par un S.M.S, ça finit à l'hôtel, j'te donne un faux numéro d'phone-tel et tu gobes
J'te regarde dans les yeux, j'te dis que t'es belle et tu gobes
Tu dis que tu n'as pas trop de rapports charnels
Une fois montée en selle, tu détrônes Julia Chanel
Ne t'attends pas à un roulage de pelle, t'as beau mettre du rimmel
c'est criminel mais c'est ton cul qui m'interpelle.

(Extrait de *J'aime bien ton Boule*)

Black M (Sexion d'assaut)

Pour

Hélas, la seule raison pour laquelle on t'écoute sont tes obus.
Sinon t'as pas un 06 j'crois que j'ai l'coup de foudre.
Eeeuh non ! Bon, ok va te faire foutre.

(Extrait de *Je ne dirai rien*)

ORELSAN

Pour

Je t'emmènerai à l'hôtel je te ferai tourner dans ma villa romaine
Tu suces pour du liquide tu te casses à marée basse
Pétasse, tu mériterais seulement d'attraper le DAS
Le seul liquide que je t'ai donné c'est mon sperme
Si j'te casse un bras, considère qu'on s'est quitté en bons termes.

(Extrait de *Sale Pute*)

La Fouine

Pour

Pétasse suis-moi dans mon hôtel, j'vais te faire
la sère-mi toute la nuit
Toi et moi, c'est juste pour le sex girl, arrête de croire
que t'as un canon entre les cuisses !
Donc pétasse, suis-moi dans mon hôtel,
pour une volontaire agressions sexuelle
Faites monter les mineurs j'suis pire qu'R'Kelly :
1 pour le sexe 2 pour la money.

(Extrait de *Sexe et Money*)

TEKI LATEX DU GROUPE TTC

Pour

J'aime les chattes,
Quand je rentre
dans la boîte,
J'ai la trique,
Toutes les chattes
des putes sont moites,
C'est pratique,
Elles vont frotter
toute la nuit !
Pute, je suis ton
mac alors suce ma
bite gratuit.

(Extrait de *Girlfriend*)

Keen'V

Pour

On va pas s'mentir,
elle n'est pas vraiment belle.
Mais elle est dispo,
dès lors que je l'appelle (…)
Ça aurait pu être une autre
mais c'est tombé sur toi.
Pour l'instant, je m'en contente
mais quand tu me suffiras pas,
j'irais voir ailleurs. »
Tu ne seras jamais
la femme de ma vie,
c'est impossible vu ce que
je te fais au lit. (…)

(Extrait de
Copine de b…. !)

Cette année,
l'Oscar de la Misogynie
dans la catégorie

Chanson française

est décerné à :

....

Pour :

....

....

....

Catégorie
Variété internationale

À l'international également, les artistes ne font pas dans la demi-mesure, comme vous allez le constater. Sous couvert d'attitude « Rock » souvent, la bêtise crasse de certains chanteurs fait l'effet d'une bouche d'égout en train de déborder quand ils ouvrent la bouche. C'est souvent décevant quand on aime leur musique, mais nous sommes là pour juger et attribuer les Oscars de la Misogynie en toute indépendance !

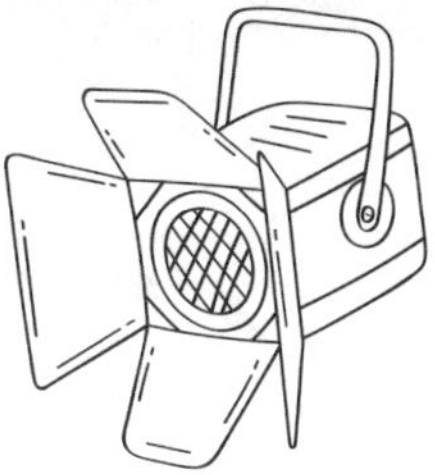

Pour cette première cérémonie
des Oscars de la Misogynie
dans la catégorie

Variété internationale

les nommés sont...

Lou Reed

Pour

Pendant que j'enregistrais Berlin, ma femme était un trou du cul, mais j'avais besoin d'une femme dans les environs pour me fouetter, et je la cognais, elle était impeccable dans son genre… Elle appelait ça de l'amour, ha ! ha ! Pendant que nous étions en studio, elle a essayé de se suicider dans la baignoire de notre hôtel… Elle s'était tranché les veines… Évidemment, elle s'en est sortie. Mais à partir de ce moment-là, on a dû laisser un roadie avec elle pour la surveiller. Et c'est marrant, mais une de mes copines lui avait dit : "Écoute, si tu veux te suicider pour de bon, coupe-toi les veines dans ce sens-là et pas dans celui-ci !". Remarquez bien que je connais une rock-star dont la femme s'est suicidée pendant l'enregistrement d'un album, ce sont des trucs qui arrivent…

THE STRANGLERS

Pour

« Quand nous avons joué à Los Angeles, les féministes américaines ont fait une manif devant le club où nous nous produisions. Elles trouvaient nos chansons abominablement sexistes. Alors, nous, en arrivant, nous sommes sortis de notre bus, et nous en avons kidnappé une, qui se tenait un peu à l'écart. Mais elle s'est mise à hurler et à rameuter ses copines… Et nous nous sommes retrouvés à trois contre deux cents filles en folie qui nous matraquaient à coups de pancartes… Je dois dire que j'ai été assommé en moins de deux… »
Philippe Manœuvre : « Mais, heu… Si votre kidnapping avait réussi, qu'auriez-vous, heu…
– Ben on l'aurait violée tiens, ha ! ha ! ha ! »

Liam Gallagher

Pour

J'aime bien les filles américaines. Enfin, jusqu'à ce qu'elles se mettent à parler, en fait.

Pour

J'ai toujours été beau gosse. Je ne me suis jamais fait planter par une minette. Et si ça merde avec une nana, je me tire. Il y en a toujours une autre au coin de la rue.

Pour

Qu'est-ce qu'une fille doit faire pour te plaire ? Faire chauffer la putain de bouilloire !

VINCE TAYLOR

Pour

Si un rocker ne veut plus d'une fille, il la chasse purement et simplement ; et si elle pleure, il lui répond : "Tais-toi et souffre".

David Lee Roth (Van Halen)

et pour

Les nanas, c'est visuel surtout ; pour le rock'n'roll, ça craint un peu... Quand, en plus, elles ne savent pas jouer, tu te retrouves fissa dans les chiottes en train de sniffer comme un aspirateur.

NIKKI SIXX (Mötley Crüe)

Pour

Nous sommes payés en nature. Notre public, ce sont des salopes et des putes, toutes autant qu'elles sont.

Mick Jagger

Pour

Si le groupe manque d'énergie, c'est simplement qu'il a passé toute la nuit précédente à baiser !

Brian Molto (Placebo)

Pour

Je pense que tous les hommes doivent savoir bouffer une chatte.

Pour

Y'a des Luxembrois ici, des Luxembourgeois... Euh, s'il y a des Luxembrois, Luxembourgeois ici ce soir une chanson pour vos putes !

et pour

Après qu'un journaliste lui demande en quoi il se déguisera pour Halloween : Euuuh... en femme !

ROBIN THICKE

Pour

Ok bon, il y était presque. Il a essayé de te domestiquer. Mais t'es un animal. Chérie c'est dans ta nature (...) Laisse-moi simplement te libérer. Et c'est pour ça que je vais avoir une gentille fille. Je sais que tu le veux »

(Extrait traduit de *Blurred Lines* appelée « *La chanson du viol* »)

Cette année,
l'Oscar de la Misogynie
dans la catégorie

Variété internationale

est décerné à :

....

Pour :

....

....

....

Catégorie
Télé-réalité

Pour les aficionados de la culture version station d'épuration, les groupies de la bienséance armés d'un ballet à chiotte, et les précurseurs du savoir-vivre qui raclent les fonds de cuvette, on peut dire que la télé-réalité se pose en référence d'une culture post-moderne, s'ouvrant sur le vide sidéral d'une époque qui réécrit ses repères, en faisant des petites virgules sur les murs des toilettes !

Et pourtant, dans ce fatras de débilités en perfusion, le sexisme lui, a su traverser l'époque et s'inscrire comme un des leviers persistants de cette nouvelle ère !

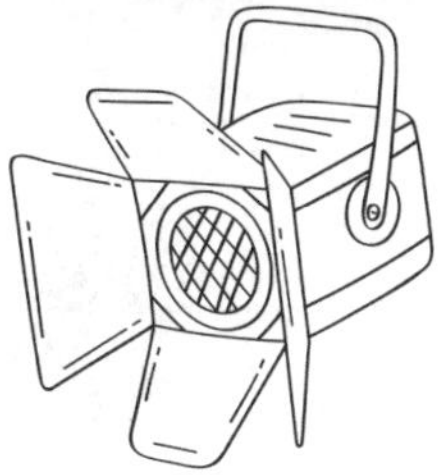

Pour cette première cérémonie
des Oscars de la Misogynie
dans la catégorie

Télé-réalité

les nommés sont...

Bertrand

Pour

J'suis pas trop ménage… Enfin j'suis ménage, mais moins qu'une femme.

(L'Amour est dans le pré)

Giuseppe

Pour

Je suis un vrai baiseur. On m'appelle l'éléphant et ce n'est pas pour mes oreilles !

(Qui veut épouser mon fils ?)

Flo

Pour

T'es belle, pour ne pas dire t'es bonne !

(La Villa Des Cœurs Brisés)

Jean-Pascal

Pour

Quand tu passes un été à avoir une meuf différente tous les soirs (…), déjà t'as des frais de capotes terribles

(Star Academy)

RAPHAËL

Pour

Sois ma meilleure amie dans la vie, sois une cuisinière en cuisine et sois une pute au lit et tu seras la femme idéale

(Les Anges de la Télé-Réalité)

FRANÇOIS-XAVIER

Pour

Je voulais dire que Maija est une amère Aphrodite. Une mère Aphrodite… Enfin transsexuelle, c'est pareil !

(Secret Story)

Benoît Dubois

Pour

Amélie, elle est con comme une valise sans poignée.

(Secret Story 4)

Moundir Zoughari

Pour

C'est pas elle qui va donner le tiercé dans l'ordre parce que si elle veut jouer à l'équitation, c'est moi qui vais la monter !

Pour

Avec Sinda, on est attirés l'un par l'autre. Y'a eu un toucher de caresses. Elle a envoyé tout ce qu'elle avait. La belle robe, les jambes taillées mannequin, le regard amande. Enfin le truc à faire chavirer un…un… un chameau quoi !

Pour

Quand elle parle, c'est des matelas qui sortent de sa bouche tellement elle a envie de dormir.

(Koh Lanta)

WILLIAM

Pour

Lesly, je pense qu'elle est gentille. Enfin, je l'ai déjà dit ça, je crois en plus, c'est vrai qu'elle est gentille. Elle fait des efforts, mais elle a quand même le cerveau d'une poule... Et donc, c'est assez pénalisant pour elle et pour nous parce que... Ça commence à devenir en fait invivable, puisque... Elle comprend rien, quoi ! Elle comprend pas... Elle croit qu'elle comprend mais elle comprend pas.

(Loft Story II)

Mickael Vendetta

Pour

Je me suis fait inviter par mes deux ex. Je n'ai rien payé ! Mortel !

(Les Anges de la Télé-Réalité 3)

et pour

Non, mais quatre jours sans faire l'amour, c'est vraiment dur, hein...

(La Ferme Célébrités)

Bonus féminin de cette catégorie « Télé-réalité », juste parce que ça vaut le détour ! Avec classe et délicatesse, nous n'oublierons pas :

MARIE

Pour

Je vais la défoncer l'autre pétasse, je vais lui enfoncer un balai, ça va la faire jouir !

(Les Anges de la Télé-Réalité)

Kim

Pour

Stéphanie, elle est au-dessus de la normale, donc quand tu as goûté au caviar, tu peux pas retourner au pâté.

(Les Marseillais en Thaïlande)

Cette année,
l'Oscar de la Misogynie
dans la catégorie

Télé-réalité

est décerné à :

....

Pour :

....

....

....

Catégorie

Misogynie féminine

On s'en serait à peine douté, et pourtant, nombre de femmes ont, à toute époque, tenu des propos sur la gente féminime qui feraient pâlir les pires misogynes. Les hommes n'ont pas toujours eu l'apanage de la misogynie ! C'est ce que nous vous invitons à découvrir dans cette traversée des siècles, des marquises d'hier aux femmes publiques d'aujourd'hui !

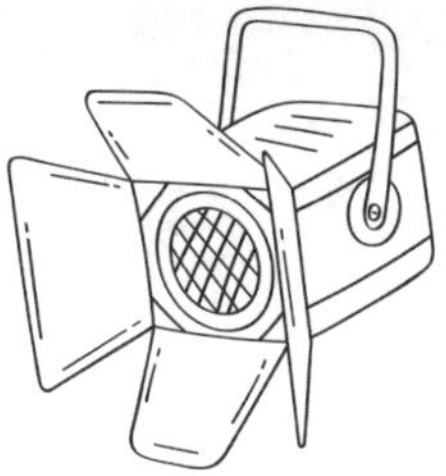

Pour cette première cérémonie
des Oscars de la Misogynie
dans la catégorie

Misogynie féminine

les nommés sont...

Mademoiselle de Scudéry

Pour

Qui écrirait tout ce que disent quinze ou vingt femmes ensemble, ferait le plus mauvais livre du monde.

et pour

Elles ne sont au monde que pour dormir, pour être grasses, pour être belles, pour ne rien faire, et ne dire que des sottises.

Marine Le Pen

Pour

Le progrès pour les femmes, c'est de rester à la maison.

Valérie Pécresse

Pour

Ça a l'air complexe. Si ce n'est pas fait pour les femmes… Vous excluez la moitié de la population, vous savez, si c'est trop compliqué.

(En essayant un mini-Segway)

MARIE DE FLAVIGNY, comtesse d'Agoult

Pour

Penser est, pour un grand nombre de femmes, un accident heureux plutôt qu'un état permanent.

Christine Van Berchem

Pour

La majorité des femmes mariées se plaignent de leur mari. La majorité des femmes non mariées se plaignent de ne pas avoir de mari. Donc le problème c'est pas le mari, c'est la femme.

NADINE MORANO

Pour

Le problème d'image d'Eva Joly ne vient pas que de son accent, c'est aussi physique. On sent du coup qu'il n'y pas de communicant derrière. Contrairement à Ségolène Royal, qui en 2007 est allée jusqu'à la médecine esthétique et la correction dentaire.

Mademoiselle de Lespinasse

Pour

Dès qu'une femme sait l'orthographe, elle déborde d'arrogance !

Natalie Clifford Barney

Pour

L'attirance du vide explique la séduction des femmes.

Roselyne Bachelot

Pour

Rama Yade est une femme et elle est noire, elle va être promue. Heureusement qu'elle n'est pas lesbienne et handicapée, sinon elle serait premier Ministre !

Sidonie Gabrielle Colette

Pour

Une femme qui se croit intelligente réclame les mêmes droits que les hommes. Une femme intelligente y renonce.

et pour

Les femmes libres ne sont pas des femmes.

Madame de Pompadour

Pour

Que de femmes ont de la cervelle plein la poitrine !

Madame A. Malinos-Laffitte

Pour

Le travail d'aiguille ne doit pas être négligé ; quels que soient le rang et la fortune des parents (…). Au milieu des orages politiques dans lesquels nous vivons, alors que nul n'est certain de conserver une fortune sans cesse chancelante et menacée, quelle serait la folie d'une mère qui élèverait sa fille en vue d'un avenir brillant et inaltérable.

Édith Cresson

Pour

À vrai dire, aucune femme moche ne peut réussir en politique… Pour réussir en politique, que l'on soit un homme ou une femme, il faut avoir une capacité à convaincre. Convaincre, c'est séduire, donc il vaut mieux être bien physiquement.

Anne Héber

Pour

C'est cela une honnête femme : une dinde qui marche, fascinée par l'idée qu'elle se fait de son honneur.

MADAME DE GASPARIN

Pour

En énergie éclatante, en puissance de conception, en hardiesse, en force de raisonnement, la femme est inférieure à l'homme.

et pour

Nous ne demandons pas à la femme de superposer une éducation masculine à son éducation féminine ; nous n'exigeons d'elle ni l'étude du droit, ni celle de la médecine, ni qu'elle suive un cours de commerce, ni qu'elle se plonge dans l'examen des questions les plus ardues de la haute philosophie ; nous n'avons pas l'intention, qu'on nous en croie, de marier deux hommes ensemble…

Sophie Arnould

Pour

Ce qu'une femme appelle avoir raison, c'est n'avoir pas tous les torts.

Françoise Parturier

Pour

La femme n'est pas un être inférieur, c'est l'homme qui est un être supérieur.

Madame de Staël

Pour

On ne peut causer deux heures avec une femme que quand on lui dit toujours la même chose.

BERNADETTE JOUVIN

Pour

Il n'y a qu'une chose qui réellement tire une femme du gâchis physique et moral où la conduisent très sûrement la naturelle incohérence de son cerveau, l'anémie de sa volonté, le désordre boueux de ses pensées, la sensiblerie de son cœur et la froide congélation de son égoïsme ennuyeux et ennuyé. C'est l'habitude.

Helen Rowland

Pour

Quand vous voyez ce qu'épousent certaines femmes, ça vous fait mesurer leur horreur du travail.

Nadine de Rothschild

Pour

Quand un monsieur vous a tout donné, la moindre des choses, c'est de lui rendre la monnaie de sa pièce. Être à son écoute (même lorsqu'il raconte en public la même histoire pour la trentième fois), être à sa dévotion, belle à voir, douce à entendre, utile à sa carrière, soumise à toutes ses obligations et, surtout, discrète. La légèreté chez la femme est une qualité essentielle : ne peser jamais sur un homme !

Cornelia Otis Skinner

Pour

La vertu de la femme est la plus grande invention de l'homme.

Georges Sand

Pour

La femme est imbécile par nature ; il semble que, pour contrebalancer l'éminente supériorité que ses délicates perceptions lui donnent sur nous, le Ciel ait mis à dessein dans son cœur une vanité aveugle, une idiote crédulité. Il ne s'agit peut-être pour s'emparer de cet être subtil, si souple et si pénétrant, que de savoir manier la louange et chatouiller l'amour-propre.

Cette année,
l'Oscar de la Misogynie
dans la catégorie

Misogynie féminine

est décerné à :

....

Pour :

....

....

....

Catégorie

Proverbes à la con

Les proverbes et dictons font partie de cette forme de culture quasi intouchable, que peu se permettent de remettre en cause, même quand ils transmettent de génération en génération les plus belles inepties !

C'est en effectuant un petit tour du monde que nous avons retenu pour cette première sélection une dizaine de pays, dont les proverbes mettent en garde des générations d'hommes depuis des siècles contre les femmes, à travers des vérités absolues n'ayant pour égal que des pensées universelles affirmant par exemple que la Terre était plate !

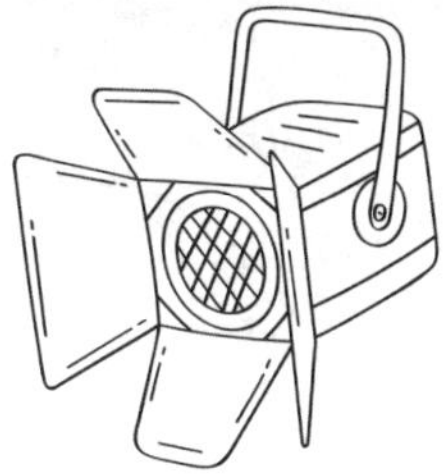

Pour cette première cérémonie
des Oscars de la Misogynie
dans la catégorie

Proverbes à la con

les nommés sont...

L'Allemagne

Pour

La femme, comme la Lune, brille d'un éclat emprunté.

L'Angleterre

Pour

Le silence est le plus beau bijou d'une femme, mais elle le porte rarement.

LE DANEMARK

Pour

Les femmes ont de longues jupes et de courtes idées.

L'Espagne

Pour

De la mauvaise femme, garde-toi bien, et à la bonne, ne t'y fie point.

et pour

La femme est comme l'œuf, qui gagne à être bien battu.

La Géorgie

Pour

Le chanceux perd sa femme, le malchanceux perd son cheval.

L'ITALIE

Pour

Les femmes sont comme le crocodile : pour attraper l'homme, elles pleurent ; une fois qu'il est pris, elles le dévorent.

LA FRANCE

Pour

À toute heure, chien pisse et femme pleure.

et pour

À qui Dieu veut aider, sa femme lui meurt.

Pour

Amitié de grands, serments de femmes et soleil d'hiver ne durent guère.

Pour

Après trois jours, sa femme, un hôte et de la pluie, sont trois choses dont on s'ennuie.

Pour

Au mois d'août,
femmes
retirez-vous.

Pour

Tu te couches avec ta femme,
tu te réveilles avec ta mère.

(Proverbe occitan)

Pour

Abreuver son cheval
à tous gués,
Mener sa femme
à tous festins
De son cheval
on fait une rosse
Et de sa femme
une catin.

LE MOYEN-ORIENT

Pour

Les paroles les plus tendres ont moins de prise sur les femmes que les bijoux silencieux.

(Proverbe berbère)

Pour

Bois dans les mains de la femme que tu aimes, mais ne la laisse pas boire dans les tiennes.

(Proverbe arabe)

Pour

Même si tu es fille de sultan, tu finiras toujours par te trouver au-dessous d'un homme.

(Proverbe arabe)

LA CHINE

Pour

La gueule du serpent vert et le dard de la guêpe ne lancent pas un vrai poison, celui-ci ne se trouve que dans le cœur de la femme.

Pour

Quand on achète une maison,
on regarde les poutres ;
quand on prend une femme,
il faut regarder la mère.

Pour

Ne vous fiez pas à votre femme avant qu'elle ne vous ait donné dix fils.

Pour

Lorsque la chance nous sourit, nous rencontrons des amis, et lorsqu'elle est contre nous, une jolie femme.

et pour

Lorsqu'une femme
vous parle,
souriez-lui, mais
ne l'écoutez pas.

La Russie

Pour

Il vaut mieux être assis sur un baril de poudre que sur les genoux d'une femme.

et pour

Le chien est plus sensé que la femme, il n'aboie pas à son maître.

Cette année,
l'Oscar de la Misogynie
dans la catégorie

Proverbes à la con

est décerné à :

....

Pour :

....

....

....

Catégorie

Humoriste

Un peu de détente à présent ! Si l'on peut dénoncer et condamner avec force le sexisme dans nombre de milieux et sous toutes ses formes, je pense en revanche, que dans la bouche de nos humoristes, il faut souvent y voir, pour en connaître certains, comme un clin d'œil, un petit chatouillis à l'égard des femmes qu'ils adorent si souvent.

Avec la clairvoyance, l'esprit et l'amusement qui est le vôtre, je vous invite donc à voter dans cette catégorie pour le mot d'esprit ironique, volontairement le plus drôle !

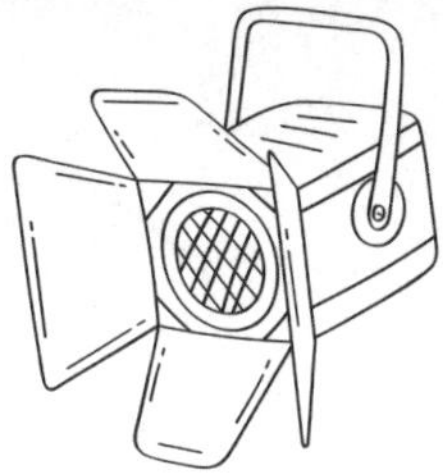

Pour cette première cérémonie
des Oscars de la Misogynie
dans la catégorie

Humoriste

les nommés sont...

Coluche

Pour

L'âge ingrat, chez les filles, c'est quand elles sont trop grandes pour compter sur leurs doigts et trop petites pour compter sur leurs jambes.

Pour

Dieu a créé l'alcool pour que les femmes moches baisent quand même.

Pour

Les prostituées sont des femmes qui ont très vite compris que leurs meilleures amies étaient leurs jambes et qu'il fallait très souvent écarter ses meilleures amies.

Pierre Desproges

Pour

Le féminin de président, c'est la femme du président.

Pour

Dépourvue d'âme, la femme est dans l'incapacité de s'élever vers Dieu. En revanche, elle est en général pourvue d'un escabeau qui lui permet de s'élever vers le plafond pour faire les carreaux. C'est tout ce qu'on lui demande.

Pour

La femme est souvent pour l'homme un agréable compagnon de jeu.

Pour

Observons une femme. Si nous la coupons dans le sens de la longueur, que voyons-nous ? Nous voyons que la femme se compose de 70 % d'eau et de 30 % de viandes rouges diverses qui sont le siège de l'amour.

Pour

La femme est assez proche de l'homme, comme l'épagneul breton. À ce détail près qu'il ne manque à l'épagneul breton que la parole alors qu'il ne manque à la femme que de se taire. Par ailleurs, la robe de l'épagneul breton est rouge feu et il lui en suffit d'une.

Pour

La gestation, chez la femme, dure deux cent soixante-dix jours, au cours desquels elle s'empiffre, s'enlaidit, gémit vaguement, tout en contribuant à faire grimper les courbes de l'absentéisme dans l'entreprise. Au bout de ces neuf mois, le petit Homme vient au monde. L'accouchement est douloureux. Heureusement, la femme tient la main de l'homme. Ainsi, il souffre moins.

Pour

Il y a un seul cas où il est convenable d'aborder une femme laide. C'est pour lui demander si elle ne connaît pas l'adresse d'une jolie femme.

Pour

La femme, à y regarder de plus près, est beaucoup plus qu'une excroissance osseuse. La femme est une substance matérielle organique composée de nombreux sels minéraux et autres produits chimiques parés de noms gréco-latins comme hydrogène et gaz carbonique que l'on retrouve également chez l'homme, mais dans des proportions qui forcent le respect.

Pour

Quelle est la différence entre un meurtrier et un homme qui vient de faire l'amour ? Aucune. Ils ne savent pas comment se débarrasser du corps.

Les Nuls

Pour

Politiquement correct : les femmes qui refusent la fellation, on les appellera désormais les non-d'une-pipe.

François Cavanna

Pour

L'homme n'est que poussière. La femme est aspirateur.

et pour

Il n'y a pas d'hommes impuissants. Il n'y a que des femmes fainéantes.

Francis Blanche

Pour

Les femmes qui nous aiment pour notre argent sont bien agréables : on sait au moins ce qu'il faut faire pour les garder.

Georges Wolinski

Pour

Un bon mari, c'est quelqu'un qui aime suffisamment sa femme pour l'aider à devenir suffisamment autonome, afin qu'elle puisse le quitter un jour.

Pour

Il faut améliorer la condition féminine. Les cuisines sont trop petites, les lavabos sont trop bas. Et la queue des casseroles est mal isolée.

Pour

Les hommes adorent les connes. C'est pour ça qu'ils ont tout fait, au cours des siècles pour qu'elles le restent.

JEAN YANNE

Pour

Une femme au Japon prétend qu'elle est capable de connaître l'avenir d'un homme en couchant avec lui. Oui, elle a déjà prédit trente-deux cas d'herpès !

Pour

On peut se demander si ça n'est pas mieux de passer ses soirées avec une poupée gonflable qu'avec une femme gonflante.

Pour

Le monde est ainsi fait, il y a des hommes et des femmes, et on les distingue au fait que les femmes ont des salaires plus faibles que les hommes, et des seins plus gros.

Pour

Je divise les femmes en cinq catégories : les bourriques, les poisseuses, les niquedouilles, les biscottes et les Roselyne Bachelot. Ne voyez aucune misogynie dans ce classement, car je reconnais que certains croisements peuvent avoir de l'intérêt.

Pour

Je sais que pour une femme, c'est difficile de rendre un homme heureux. Mais si ce travail vous paraît trop dur toute seule, mettez-vous à plusieurs !

Pour

– Quelle est la supériorité sur laquelle le Coran et la Bible sont d'accord ?
– Celle de l'homme sur la femme.
– Vous partagez cet avis, monsieur Yanne ?
– Non. Je trouve que pour faire la vaisselle la femme est meilleure !

et pour

J'ai souvent pris le métro, je n'ai jamais vu une seule fois une bonne femme ouvrir son imperméable pour me montrer ses parties intimes. Jamais. Pourtant, j'aurais aimé. Et si elles veulent vraiment être nos égales, il va falloir qu'elles s'y mettent.

Philippe Bouvard

Pour

Bretonne : race domestique qui tient, au sein de la hiérarchie ancillaire, la place des Charolaises dans un secteur plus comestible. Dures au travail, les Bretonnes qui parviennent à traverser l'avenue du Maine, devant la gare Montparnasse, sans se faire proposer un café crème par les proxénètes spécialisés, font ensuite d'excellentes recrues.

Pour

Lorsqu'on dit d'une femme qu'elle n'a pas froid aux yeux, c'est qu'on pense qu'elle a le feu quelque part.

Pour

Le premier commandement de la femme adultère catholique : Tu aimeras ton prochain comme le précédent.

Pour

Il y a des femmes qui obtiennent tout ce qu'elles veulent de leur banquier parce qu'elles possèdent un décolleté qui leur évite le découvert.

Pour

Il y a des femmes si sensibles qu'elles ne peuvent aller danser sans tomber enceintes.

Pour

Les prostituées sont des femmes qui ne demandent pas qu'on les invite à dîner avant de passer à un autre genre d'exercice.

Sim

Pour

On devrait offrir à certaines femmes un aspirateur, quand elles vous disent pendant des années qu'elles ont quarante ans… et des poussières.

Pour

Ne battez pas une femme, même avec une rose. Au prix où sont les fleurs !

Pour

Loi d'Archimède : plus la femme est légère, plus ses dépenses sont lourdes.

Pierre Dac

Pour

La seule chose qu'on puisse tenir pour certaine quand une femme vous dit : « Je serais prête dans cinq minutes », c'est qu'elle parle français.

Guy Bedos

Pour

Les femmes, chez nous, représentent la moitié du corps électoral. Vu comme ça, le corps électoral, ça m'excite.

Pour

Ma femme et moi avons été heureux pendant 20 ans. Et puis on s'est rencontrés...

et pour

Une très jeune femme peut sincèrement éprouver de l'amour et même de l'attirance physique pour un très vieil homme. Principalement, s'il est riche et célèbre.

PHILIPPE GELUCK

Pour

Je suis pour
le partage des tâches
ménagères.
À la maison, par
exemple, c'est moi qui
passe l'aspirateur...
à ma femme.

Franck Dubosc

Pour

*Les femmes,
c'est comme les photos,
j'aime bien les prendre,
mais pas être dessus !*

JEAN-MARIE GOURIO

Pour

J'ai joué la date de naissance de ma femme, celle de sa mère et celle de ma fille, j'ai pas eu un seul numéro ! Pas un ! C'est vraiment une famille de cons !

Patrick Timsit

Pour

Aujourd'hui, les femmes travaillent comme des mecs, s'habillent comme des mecs, jurent comme des mecs, conduisent comme des mecs, et après elles s'étonnent qu'on les encule !

et pour

Je n'aime pas les femmes qui couchent le premier soir. Je déteste ça, il faut attendre tout l'après-midi.

Bruno Gaccio

Pour

Le mari idéal, c'est celui qui rentre tôt, fait les courses, la vaisselle et s'occupe des enfants... On en conclut que le mari idéal, c'est la femme !

Jean-Marie Bigard

Pour

Le string, c'est le seul instrument de musique à vent avec une seule corde.

Pour

La salle de bains, c'est ? Chez nous ! Et non, ce n'est pas le bordel, non ! On croit que c'est le bordel, mais c'est un atelier d'artiste !

Pour

Vous savez, ce qui nous retarde le plus nous les femmes, ce sont les miroirs… Et pas que les miroirs de la salle de bains ! Nous, c'est contrôle permanent ! Toute la journée, c'est partout, où on voit notre reflet, dans les vitrines par exemple, on est là on se parle, on se félicite, parfois on s'encourage ! Des fois on s'arrête net et on se dit : « Oh putain, j'suis bonne là ! Marise elle va être verte ! »

(Extraits du spectacle *Nous les femmes*)

et pour

Avant, il fallait écarter le slip pour voir les fesses, maintenant il faut écarter les fesses pour voir le slip.

Cette année,
l'Oscar de la Misogynie
dans la catégorie

Humoristes

est décerné à :

....

Pour :

....

....

....

Catégorie Anonymes

Reprenons à présent le cours de cette cérémonie, avec la catégorie des « Anonymes » ! Tous ces tocards qui se cachent dans l'anonymat des avatars d'Internet, pour mieux déverser leur bile sexiste dans les forums !

Pour être misogyne à visage découvert, encore faut-il un peu de courage, ce n'est apparemment pas la qualité première de tous ces abrutis que nous avons pris plaisir à rebaptiser, afin de vous permettre de pouvoir sélectionner le pire d'entre eux !

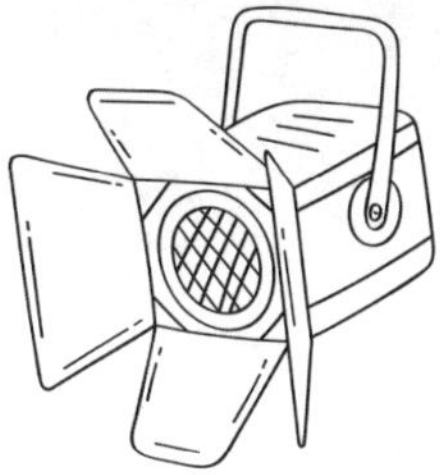

Pour cette première cérémonie des Oscars de la Misogynie dans la catégorie

Anonymes

les nommés sont...

LE MISOGYNE QUI SE PLANQUE

Pour

Les femmes sont comme les allumettes, elles perdent la tête quand on les frotte.

Le phallocrate de passage

Pour

Je me méfie des animaux capables de saigner une semaine sans crever.

Le phallocentrique de base

Pour

Une femme, c'est comme une cigarette : on l'allume, on la tire, et on la jette.

Le patriarche assumé

Pour

Comment peut-on expliquer que les filles dites bonnes à rien finissent souvent plus tard par faire d'excellentes bonnes à tout faire ?

L'aigri qui s'est fait essorer

Pour

Les femmes aiment surtout chez les hommes les caractères sexuels secondaires : la voiture, le portefeuille, la villa…

Le radin misogyne

Pour

La seule différence entre une femme et un chien, c'est le prix du collier.

Le cavalier désobligeant

Pour

Le mariage est comme un mirage dans le désert : palais, cocotiers, chameau... Mais soudain tout disparaît et il ne reste que le chameau.

Le bavard étouffé

Pour

Le seul qui puisse avoir le dernier mot avec une femme… C'est l'écho !

LE JUGE PHALLIQUE

Pour

L'argent n'a pas d'odeur, mais les femmes ont du flair.

Le queutard mal embouché

Pour

Avant de cueillir les jeunes filles en fleur, il faut s'envoyer les jeunes filles à boutons.

L'intégriste qui s'ignore

Pour

L'inaction est la mère de tous les maux. Si Ève avait eu à recoudre les feuilles de vigne de son conjoint, elle n'aurait pas eu le temps d'écouter le serpent.

L'ADEPTE DE LA PROMOTION CANAPÉ

Pour

Le magnétophone est un instrument inventé par un misogyne pour empêcher les secrétaires d'épouser leur patron.

Le vieux dégueulasse

Pour

La femme abandonne, pour ce qu'on lui met dans les mains, ce qu'elle a entre les jambes.

Le gynécologue sexiste

Pour

Entre Fallope et Eustache, les femmes sont prédisposées à la tromperie.

L'AVOCAT DE LA MISOGYNIE

Pour

Pour défendre une cause, un avocat met sa robe.
Une femme… l'enlève.

et pour

Une robe de femme, doit être comme une plaidoirie : assez longue pour couvrir le sujet, assez courte pour être suivie.

L'intersexuel en pyjama

Pour

À force de vouloir faire de la femme l'égale de l'homme, bientôt, il n'y aura plus ni femmes ni hommes. On vivra comme en Chine tous en pyjamas !

Cette année,
l'Oscar de la Misogynie
dans la catégorie

Anonymes

est décerné à :

....

Pour :

....

....

....

Catégorie Théâtre

Si dans le théâtre, un personnage que nous connaissons tous tient la dragée haute à ses confrères en matière de misogynie, compte tenu du nombre de ses écrits, il en est d'autres à découvrir, dont les mots résonnent parfois de manière bien pire à nos oreilles !

Cet art se voulant si fin n'a pas toujours fait preuve de la plus grande délicatesse par ceux qui l'ont produit.

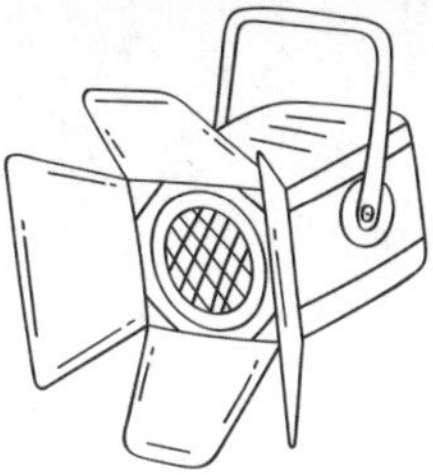

Pour cette première cérémonie
des Oscars de la Misogynie
dans la catégorie

Théâtre

les nommés sont…

Sacha Guitry

Pour

Les hommes aussi savent mentir, mais ils mentent comme les Français parlent les langues étrangères, ils n'ont jamais un très bon accent. Tandis que les femmes !

Pour

Voilà les femmes ! Oui… Même la plus honnête s'imagine toujours que nous perdons la tête quand nous la regardons !… Même la plus fidèle ne doutera jamais qu'un homme est épris d'elle, lorsque, pour son plaisir, il l'examine un peu !

Pour

Ah les femmes, ces animaux sans queue ni tête !

Pour

Deux femmes qui s'embrassent me feront toujours penser à deux boxeurs qui se serrent la main.

Pour

Les avocats portent une robe, pour savoir mentir comme les femmes.

et pour

Les femmes sont faites pour être mariées et les hommes célibataires. De là vient tout le mal.

Pour

Quand on dit d'une femme qu'elle est cultivée, je m'imagine qu'il lui pousse de la scarole entre les jambes et du persil dans les oreilles.

Sacha Guitry

Pour

Si la femme
était bonne,
Dieu en aurait une.

Pour

*Elle m'avait dit un jour :
« Chéri, est-ce que
tu savais qu'oroscope,
idrogénie, ipocrite et arpie
ne sont pas dans
le dictionnaire ? »*

Pour

Être marié !…. Ça, ça doit être terrible.
Je me suis toujours demandé ce qu'on pouvait bien
faire avec une femme en dehors de l'amour.

Pour

Ce qui me gêne dans l'infidélité
de ma femme, c'est que les
autres voient de quoi je me
contente.

et pour

Les femmes croient volontiers que parce qu'elles ont fait le contraire de ce qu'on leur demandait, elles ont pris une initiative.

Georges Bernard Shaw

Pour

Celui qui désire une vie de bonheur avec une belle femme ressemble à celui qui veut jouir du goût du vin en ayant la bouche toujours pleine.

et pour

La femme est l'addition des ennuis, la soustraction du porte-monnaie, la multiplication des ennemis et la division des hommes.

August Strindberg

Pour

Le cerveau de la femme présente moins de circonvolutions que celui de l'homme et chez elle la substance grise est plus légère que chez l'homme – au contraire ses nerfs sont plus forts, ainsi qu'on le remarque chez l'enfant. D'où sa faculté de pouvoir supporter plus facilement certaines douleurs physiques ; en quoi elle ressemble au sauvage et cela prouve aussi qu'elle a un système nerveux plus grossier.

Cette année,
l'Oscar de la Misogynie
dans la catégorie

Théâtre

est décerné à :

....

Pour :

....

....

....

Catégorie

Penseurs & philosophes

S'il est bien un type de profil pour lequel nous ne nous serions pas doutés qu'il puisse s'y trouver d'aussi violents détracteurs de la femme, c'est bien du côté des philosophes et des grands penseurs !

Autant de « sagesse » concentrée dans ces personnages, ne permettait pas de penser que sous leurs voûtes crâniennes pouvaient se promener des idées aussi étriquées !

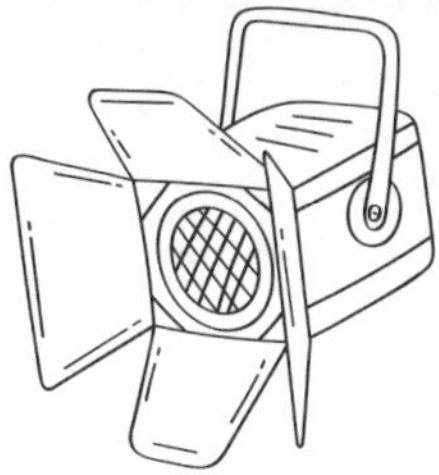

Pour cette première cérémonie
des Oscars de la Misogynie
dans la catégorie

Penseurs & philosophes

les nommés sont...

Johann Wolfgang von Goethe

Pour

La main qui, samedi, tient un balai est celle qui, dimanche, caresse le mieux.

FRIEDRICH WILHELM NIETZSCHE

Pour

Dans la vengeance et en amour, la femme est plus barbare que l'homme.

Pour

La femme est la seconde faute de Dieu.

Pour

Tu vas voir les femmes ? N'oublie pas ton fouet.

Pour

Observer la démarche des plus belles Anglaises : on ne trouve en aucun pays du monde de plus beaux canards ni de plus beaux dindons...

Pour

Elles sont une propriété, un bien qu'il faut mettre sous clé, des êtres faits pour la domesticité et qui n'atteignent leur perfection que dans la situation subalterne.

Pour

Ne vaut-il pas mieux tomber aux mains d'un meurtrier que dans les rêves d'une femme en chaleur ?

Friedrich Wilhelm Nietzsche

Pour

Elles sont une propriété, un bien qu'il faut mettre sous clé, des êtres faits pour la domesticité et qui n'atteignent leur perfection que dans la situation subalterne.

et pour

Des chattes, voilà ce que sont toujours les femmes. Des chattes et des oiseaux. Ou quand cela va bien, des vaches !

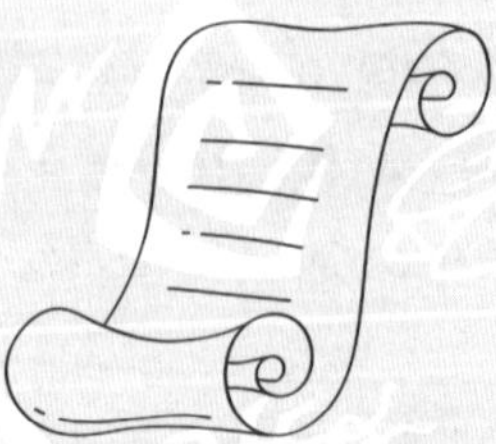

ARTHUR SCHOPENHAUER

Pour

La femme est un animal
à cheveux longs
et à idées courtes.

Pour

*Les femmes sont comme
des miroirs, elles
réfléchissent, mais
ne pensent pas.*

et pour

Déjà la vue du corps féminin
nous apprend que la femme
n'est pas faite pour les grands
travaux, ni intellectuels ni
physiques, car elles sont
partout ancrées dans le
subjectif.

Hippolyte Taine

Pour

Donner à une femme du raisonnement, des idées, de l'esprit, c'est mettre un couteau dans la main d'un enfant.

et pour

L'honnête homme, à Paris, ment dix fois par jour, l'honnête femme vingt fois par jour, l'homme du monde cent fois par jour. On n'a jamais pu compter combien de fois par jour ment une femme du monde.

Henry Louis Mencken

Pour

Les hommes et les femmes sont au moins d'accord sur un point : ils n'ont aucune confiance dans les femmes.

Jean Delacour

Pour

C'est souvent aux femmes qui ont la beauté du diable que les hommes doivent leurs cornes.

Érasme

Pour

La femme est, il faut l'avouer, un animal inepte et fou, mais au demeurant plaisant et gracieux.

et pour

La femme est toujours femme, c'est-à-dire folle, quelque masque qu'elle prenne d'ailleurs.

Aristote

Pour

Le corps est fourni par la femelle, et l'âme par le mâle.

et pour

On peut donner la virilité comme caractère à un personnage, mais il ne convient pas à une femme d'être virile ou trop intelligente.

Alain (Émile-Auguste Chartier)

Pour

J'ai souvent envie de demander aux femmes par quoi elles remplacent l'intelligence.

Pythagore

Pour

Il y a un principe bon qui a créé l'ordre, la lumière et l'homme. Il y a un principe mauvais qui a créé le chaos, les ténèbres et la femme.

PIERRE-JOSEPH PROUDHON

Pour

Nous ne comprenons pas plus une femme législatrice qu'un homme nourrice.

et pour

Cas où le mari peut tuer sa femme, selon la rigueur de la justice paternelle : 1 - adultère, 2 – impudicité, 3 – trahison, 4 – ivrognerie et débauche, 5 – dilapidation et vol, 6 – insoumission obstinée, impérieuse et méprisante. (…) L'homme, époux, a le droit de justice sur sa femme ; la femme n'a pas le droit de justice sur son mari. Cette réciproque est incompatible avec la subordination matrimoniale. (…) C'est une honte pour notre société, une marque de déchéance que la femme puisse demander le divorce pour incompatibilité d'humeur ou violences du mari. Tant qu'il n'y a pas de haine de celui-ci, immoralité, incapacité, de vices grands et sans motifs, la femme qui se plaint doit être présumée coupable et renvoyée à son ménage. (…)
Le mari a la faculté de répudiation *ad libitum*. (…)
Si l'homme a reçu la supériorité d'intelligence sur la femme, c'est pour en user. Intelligence et caractère obligent. S'il a reçu la supériorité de force, c'est aussi pour en exercer les droits. Force a droit, force oblige.

Cette année,
l'Oscar de la Misogynie
dans la catégorie

Penseurs & philosophes

est décerné à :

....

Pour :

....

....

....

Catégorie

Religions

Sans vouloir ouvrir un quelconque débat, on peut globalement admettre que la femme a toujours été considérée, à plus ou moins fort degré suivant les textes auxquels on se réfère, à l'époque et au contexte historique, comme une forme de mal à éviter, à juguler ou à combattre, et cela dans les trois grandes religions monothéistes. Leur émancipation, longtemps interdite, n'y est aujourd'hui encore tolérée qu'au compte-gouttes.

Ceci étant collégialement admis, malgré les évolutions, la surprise de ce soir, au-delà des quelques extraits que nous allons citer, nous vient de la quatrième grande religion dans le monde : le bouddhisme !

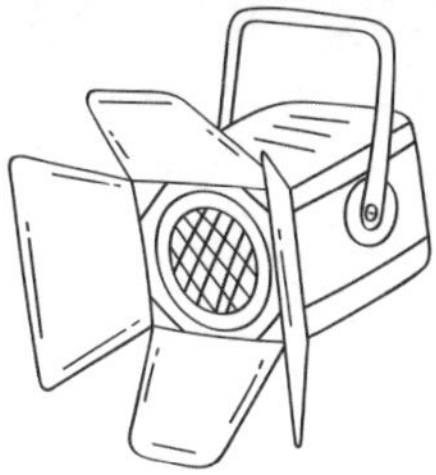

Pour cette première cérémonie
des Oscars de la Misogynie
dans la catégorie

Religions

les nommés sont...

L'ECCLÉSIASTE

Pour

Une montée sablonneuse sous les pas d'un vieillard : telle est une femme bavarde pour un homme tranquille.

(Bible, Ecclésiaste, 25.20)

et pour

J'ai trouvé un homme entre mille, mais je n'ai pas trouvé une femme dans le même nombre.

(Bible, Ecclésiaste, 7.28))

Saint Thomas d'Aquin

Pour

En tant qu'individu, la femme est un être chétif et défectueux.

Proverbes de la Bible

Pour

Un anneau d'or au groin d'un pourceau c'est une femme belle, mais dépourvue de sens.

(Bible, Proverbes, 11.22)

et pour

Gargouille qui ne cesse de couler, un jour de pluie, et femme acariâtre sont pareilles !

(Bible Proverbes, 27.15)

Saint Paul
(Apôtre)

Pour

Pendant l'instruction, la femme doit garder le silence, en toute soumission. Je ne permets pas à la femme d'enseigner ni de faire la loi à l'homme. Qu'elle se tienne tranquille. C'est Adam en effet qui fut formé le premier, Ève ensuite. Et ce n'est pas Adam qui se laissa séduire, mais la femme qui, séduite, se rendit coupable de transgression. Néanmoins, elle sera sauvée en devenant mère, à condition de persévérer avec modestie dans la foi, la charité et la sainteté.

(Première Épitre de Saint Paul
à Timothée, 2.12-2.15)

et pour

(...) Le Christ est le chef de tout homme et l'homme est le chef de la femme. Car l'homme n'a pas été tiré de la femme, mais la femme a été tirée de l'homme ; et l'homme n'a pas été créé pour la femme, mais la femme pour l'homme.

(Première Épitre de Saint Paul
aux Corinthiens, 11.3, 11.8-11.9)

La Genèse

Pour

À la femme, il dit : « Je multiplierai les peines de tes grossesses, dans la peine, tu enfanteras des fils. Ta convoitise te poussera vers ton mari et lui dominera sur toi. »

(Bible, Genèse, 3.16)

Tertullien (théologien)

Pour

Tu enfantes dans les douleurs et les angoisses, femme ; tu subis l'attirance de ton mari et il est ton maître. Et tu ignores qu'Ève c'est toi ? Elle vit encore en ce monde, la sentence de Dieu contre ton sexe. Vis donc, il le faut, en accusée. C'est toi la porte du diable. C'est toi qui as brisé le sceau de l'Arbre ; c'est toi qui la première as déserté la loi divine ; c'est toi qui as circonvenu celui auquel le diable n'a pas pu s'attaquer ; c'est toi qui es venue à bout si aisément de l'homme, image de Dieu. C'est ton salaire, la mort, la mort même du fils de Dieu. Et tu as la pensée de couvrir d'ornements tes tuniques de peau ?

Le Talmud

Pour

Qui suit le conseil des femmes tombe en enfer.

(Betza, 32 b)

Mahomet

Pour

Vos femmes sont pour vous une terre labourée ; allez comme vous voudrez à votre labourage.

(Coran, 2.223)

et pour

Les femmes et les parfums sont subtils, aussi faut-il les bien enfermer.

(Mahomet)

Le Dalaï Lama

Pour

L'attirance pour une femme
vient surtout
De la pensée que son corps est pur
Mais il n'y a rien de pur
Dans le corps d'une femme
De même qu'un vase décoré
rempli d'ordures
Peut plaire aux idiots
De même l'ignorant, l'insensé
Et le mondain désirent les femmes
La cité abjecte du corps
Avec ses trous excrétant les éléments,
Est appelée par les stupides
Un objet de plaisir.

(Extrait de son ouvrage
Comme la lumière avec la flamme)

BOUDDHISME

Pour

Aussi le bouddha ne cesse-t-il de mettre ses disciples en garde contre la séduction insidieuse exercée par la femme : « Il faut se méfier des femmes, leur recommande-t-il. Pour une qui est sage, il en est plus de mille qui sont folles et méchantes. La femme est plus secrète que le chemin où, dans l'eau, passe le poisson. Elle est féroce comme le brigand et rusée comme lui. Il est rare qu'elle dise la vérité : pour elle, la vérité est pareille au mensonge, le mensonge pareil à la vérité. Souvent j'ai conseillé aux disciples d'éviter les femmes. »

(*Le canon pali*, un des textes fondamentaux du bouddhisme)

Cette année,
l'Oscar de la Misogynie
dans la catégorie

Religions

est décerné à :

....

Pour :

....

....

....

Catégorie
Science & Médecine

J'ai toujours été fasciné par ces armées de blouses blanches, aussi bien dans le domaine médical que scientifique, qui traversent la vie avec un savoir irréfutable sous le bras. Ils se doivent d'imposer aux forceps aux plus abrutis (dont je fais partie) la vérité première, sans une seconde n'avoir de doute sur leurs dires. J'avoue me délecter par avance de ces quelques saillies misogynes médicales, passées du rang de loi incontournable au stade de bêtise primaire !

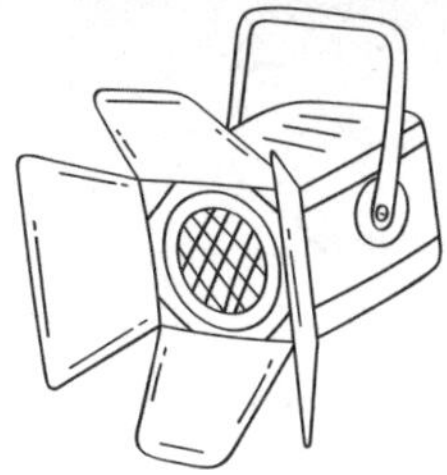

Pour cette première cérémonie
des Oscars de la Misogynie
dans la catégorie

Science & Médecine

les nommés sont…

Dr Alexis Carrel
(Prix Nobel de médecine)

Pour

Le testicule engendre l'audace.

Cesare Lombroso

Pour

Les occupations intellectuelles trop assidues, trop abstraites produisent des aménorrhées, de l'hystérisme, du nervosisme.

Dr P. J. Moebius

Pour

La langue est l'épée de la femme car sa faiblesse physique l'empêche de se battre avec ses poings et sa faiblesse intellectuelle la pousse à renoncer à donner des preuves : il ne lui reste donc que l'abondance des mots.

et pour

Les femmes qui n'ont pas d'enfants sont moins équilibrées, plus nerveuses que les autres.

Professeur Adolphe Pinard
(Inventeur de la puériculture au début du XXe siècle)

Pour

Il faut à une femme quatre grossesses pour avoir une santé normale.

Gustave Le Bon
(Médecin et psychologue)

Pour

La femme est trop confinée dans le domaine de l'affectif et du mystique, pour être beaucoup influencée par un raisonnement.

Dr Benjamin Spock

Pour

Biologiquement et par tempérament (...), les femmes étaient destinées à s'occuper d'abord et avant tout de donner des soins aux enfants, au mari, et à la maison.

Cette année,
l'Oscar de la Misogynie
dans la catégorie

Science & Médecine

est décerné à :

....

Pour :

....

....

....

Catégorie

Le beauf au quotidien

Ah ! Le beauf ! Une catégorie que j'affectionne tout particulièrement !

Nous en connaissons tous, nous vivons avec, nous partageons leur existence ! Et vous, mesdames, qui subissez régulièrement les éructations verbales de leur affligeante bêtise, dans la rue comme au travail, saurez, j'en suis sûr, reconnaître, dans ces petites phrases sélectionnées, le visage des beaufs que vous êtes parfois contraintes de côtoyer au quotidien.

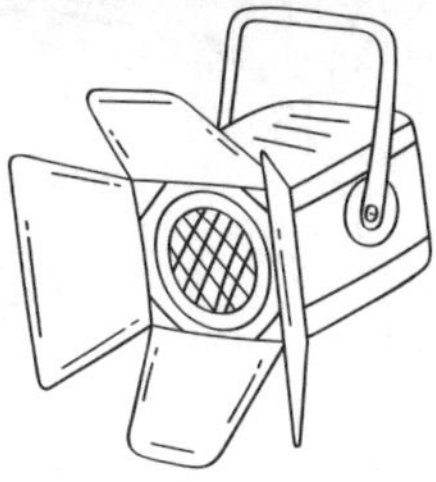

Pour cette première cérémonie
des Oscars de la Misogynie
dans la catégorie

Le beauf au quotidien

Les nommés sont…

Le conjoint macho

Pour

T'as tes règles
ou quoi ?

Le crétin des Alpes

Pour

T'es vulgaire
pour une fille !

Le boss libidineux

Pour

T'es gentille, tu nous fais un petit café ?

Le blaireau de base

Pour

Non mais le féminisme, c'est passé de mode, c'est bon, vous avez le droit de vote, arrêtez de nous emmerder !

LE DRH TENDANCIEUX

Pour

Elle n'est pas très efficace, mais au moins, elle est mignonne.

LE PHALLOCRATE MÉFIANT

Pour

C'est marrant, tu te comportes comme un mec !

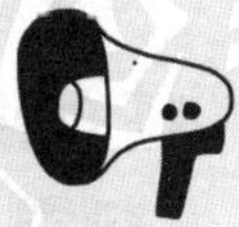

Le boulet du bureau

Pour

Mais ça le dérange pas ton mec, ce que tu fais ?

Le queutard de boîte

Pour

En même temps elle était bourrée, elle l'a un peu cherché !

L'idiot du village

Pour

T'es vraiment blonde, toi !

LE PIRE CONNARD

Pour

Après faudra pas t'étonner si tu te fais violer !

Le dragueur primaire

Pour

Je sais que t'en as envie...

Le branleur de rue

Pour

Ohé mademoiselle, t'es charmante ! Z'y va ! Réponds, sale pute !

Le serveur lourd

Pour

Et la jolie demoiselle, elle prendra quoi ?

Le pote sexiste

Pour

Ouh, t'es dans une mauvaise période toi !

L'abruti de la comptabilité

Pour

Merci, t'es mignonne.

Le vrai con

Pour

En même temps, t'as vu comment tu t'habilles...

LE MISOGYNE QUI S'IGNORE

Pour

Le fameux : « Pour une fille ! »
« Tu as de la force, pour une fille ! »
« Tu cours vite, pour une fille ! »
« Tu as du courage, pour une fille ! »
« Tu as de l'ambition, pour une fille ! »

Le collaborateur imbuvable

Pour

*Tu es enceinte ?
Je te croyais motivée
pour ce poste !*

Le macho au boulot

Pour

Elle pense trop à sa carrière !
Et son couple,
sa vie de famille ?

Cette année,
l'Oscar de la Misogynie
dans la catégorie

Le beauf au quotidien

est décerné à :

....

Pour :

....

....

....

Catégorie

Avant Jésus-Christ

Pour comprendre les origines du sexisme, il faut remonter loin, très loin dans le temps, bien avant l'avènement des religions parfois… Nous avons trouvé dans les textes des plus grands penseurs, qui ont fondé par leur influence nos civilisations modernes, les premières graines de la pensée misogyne !

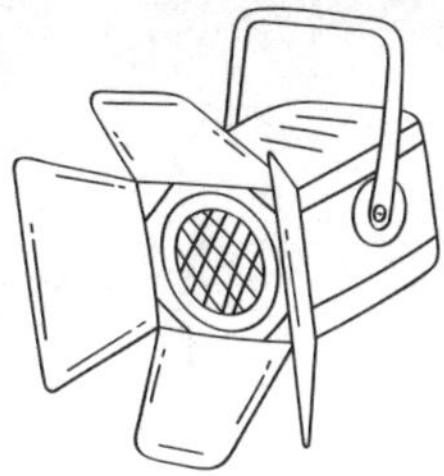

Pour cette première cérémonie
des Oscars de la Misogynie
dans la catégorie

Avant Jésus-Christ

les nommés sont...

Euripide

Pour

Toujours, c'est par l'intermédiaire des hommes que doivent agir les femmes, si elles sont sages.

Pour

Oh ! Zeus ! Pourquoi donc as-tu, sous la lumière du soleil, établi auprès des hommes ces êtres de vice et de mensonge, les femmes ?

Pour

La femme est moins portée que l'homme aux nobles actions, et beaucoup plus aux actions honteuses.

Pour

Voici le meilleur conseil pour un homme raisonnable : ne crois pas une femme même si elle te dit la vérité.

Tertullien

Pour

La femme est la porte de l'enfer !

HOMÈRE

Pour

Il est permis d'avoir quelque défiance de la femme la plus accomplie.

Hésiode

Pour

Les femmes sont si fatales au genre humain que celles mêmes qui sont honnêtes font le malheur de leur mari.

Aristophane

Pour

Il n'est rien de pire au monde qu'une femme, si ce n'est une autre femme.

et pour

Sphinx, hydre, lionne, vipère, qu'est-ce que tout cela ? Rien devant la race exécrable des femmes !

ÉPICTÈTE

Pour

La Providence a mis du poil au menton des hommes pour qu'on puisse de loin les distinguer des femmes.

Cette année,
l'Oscar de la Misogynie
dans la catégorie

Avant Jésus-Christ

est décerné à :

....

Pour :

....

....

....

Catégorie

Lois misogynes

Si le sexisme a pu se développer et perdurer au fil du temps, c'est aussi grâce aux lois votées dans chaque pays du monde. Elles ont toujours pu donner une caution, un argument irréfutable aux hommes, pour maintenir la femme sous le joug patriarcal, afin de mieux la contrôler.

Aucun pays ni aucune culture n'y échappe, et c'est ainsi qu'à travers ce petit tour du monde, nous avons sélectionné pour cette première remise des Oscars de la Misogynie 17 pays qui se distinguent encore aujourd'hui par leurs lois fondamentalement sexistes.

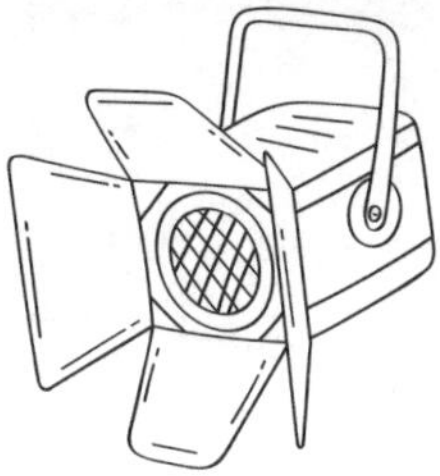

Pour cette première cérémonie
des Oscars de la Misogynie
dans la catégorie

Lois misogynes

les nommés sont...

L'AFGHANISTAN

Pour

Interdiction pour les femmes de se maquiller, de porter du vernis à ongles ou des talons.

(Des doigts ont même été coupés dans le cas du vernis…)

L'Arabie Saoudite

Pour

Les femmes n'ont pas le droit de conduire.

Pour

Les femmes n'ont pas le droit de voter.

Pour

Les femmes victimes de viol peuvent être inculpées.

L'Arkansas, États-Unis

Pour

Une vieille loi misogyne autorise encore un mari à battre sa femme une fois par mois.

L'Australie

Pour

Les femmes faisant un bonnet A de tour de poitrine ne peuvent tourner dans des films pornographiques.

(Ceci pour éviter selon les autorités les dérives pédophiles)

Le Guatemala

Pour

Il est légal de marier une fille de 14 ans.

L'INDE

Pour

Le viol conjugal n'est pas considéré comme un viol.

et pour

En cas de dettes, un homme peut mettre sa femme en gage de garantie jusqu'à ce qu'il ait remboursé ses dettes.

Le Liban

Pour

Si un violeur épouse sa victime il n'est pas poursuivi.

L'INDONÉSIE

Pour

Les femmes n'ont pas le droit d'enfourcher un scooter.

(Afin de ne pas exciter le conducteur)

Le Nigeria

Pour

Un homme marié a le droit de battre sa femme.

L'Iran

Pour

Les femmes n'ont pas le droit d'aller au stade voir un match de foot.

et pour

77 filières universitaires sont interdites d'accès aux femmes.

Les Philippines

Pour

Le divorce est illégal.

(Peu importe les circonstances et qu'elle ait ou non choisi le mari)

La Russie

Pour

456 professions sont interdites aux femmes.

et pour

Les violences domestiques sont dépénalisées en Russie.

(Janvier 2017, afin de ne pas détruire la cellule familiale)

La Somalie

Pour

Le port du soutien-gorge est interdit depuis 2009. Il est passible de coups de fouet.

Le Swaziland

Pour

Les femmes n'ont pas le droit de porter de minijupes.

et pour

Paradoxalement, elles n'ont pas le droit de porter autre chose que des jupes et des robes.

(D'après les autorités, la petite taille de la jupe faciliterait le viol)

LA TURQUIE

Pour

Une femme n'a pas le droit de chercher du travail, ni même d'occuper un emploi sans l'autorisation de son époux.

Le Vatican

Pour

Les femmes ne peuvent pas voter.

et pour

Il est interdit de divorcer.

Le Yémen

Pour

Une femme est considérée comme une demi-personne.

et pour

Une femme n'a pas le droit de sortir de chez elle sans permission.

Cette année,
l'Oscar de la Misogynie
dans la catégorie

Lois misogynes

est décerné à :

....

Pour :

....

....

....

Catégorie

Épitaphes authentiques

Nous voici arrivés à notre dernière catégorie dans cette cérémonie de remise des Oscars de la Misogynie ! Assez improbable, quelque peu souriante aussi, quand on se rend compte que, même six pieds sous terre, le bal des misogynes danse encore !

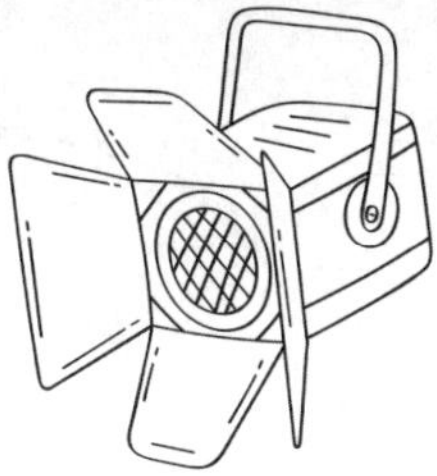

Pour cette première cérémonie
des Oscars de la Misogynie
dans la catégorie

Épitaphes authentiques

les nommés sont...

Un mari aimant

Pour

Ci-gît, ma femme, grâce à Dieu !
Cette furie perpétuelle
empoisonna ma vie.
Passant, écoute mon avis :
Avant qu'elle ne te querelle,
quitte prudemment ces lieux.

L'amant reconnaissant

Pour

*Elle ne voulait que
mon bonheur.
Sa mort l'a
bien prouvé.*

Le conjoint encore craintif

Pour

Ci-gît ma femme dans
son écrin de terre ;
Qui de sa vie n'a rien fait qu'à râler
Mes amis marchez sans bruit faire
De peur qu'elle ne se remette à jaser

LE VEUF JOYEUX

Pour

Ici repose mon épouse bien-aimée.
Seigneur, reçois-la avec la même joie
que je te l'envoie.

UN SAGE PARMI LES SAGES

Pour

J'ai préféré mourir
pour une femme
que de vivre avec,
c'est plus facile.

Celui qui ne prend pas de risques

Pour

*Marie, c'est parce que
mes larmes ne
te ressusciteront pas
que je pleure.*

Cette année,
l'Oscar de la Misogynie
dans la catégorie

Épitaphes authentiques

est décerné à :

....

Pour :

....

....

....

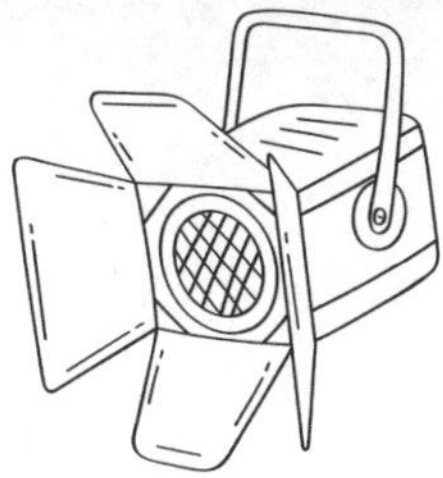

Clôture de Cérémonie des oscars de la Misogynie

Nous voici donc arrivés au terme de cette première cérémonie des Oscars de la Misogynie !

Nous pourrions espérer que l'année prochaine, cette cérémonie n'ait plus lieu d'être. Mais malheureusement, compte tenu des archives en la matière que nous n'avons eu le temps de vous dévoiler ce soir, et les incessantes remarques sexistes de nos personnalités médiatiques, il est de fortes chances que nous nous retrouvions ici même, le 8 mars prochain pour la journée internationale des femmes.

Achevé d'imprimer
en France par
Laballery.

Dépôt légal :
Mars 2018.

N° d'impression :
802428.